国家社科基金资助项目"外源性产业平台品牌的形成机制
与发展策略研究"（项目批准号：17BGL241）研究成果

胡旺盛◎著

外源性产业平台品牌的形成机制
与发展策略研究

WAIYUANXING CHANYE PINGTAI PINPAI DE
XINGCHENG JIZHI
YU FAZHAN CELÜE YANJIU

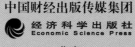

中国财经出版传媒集团

经济科学出版社
Economic Science Press

·北京·

图书在版编目（CIP）数据

外源性产业平台品牌的形成机制与发展策略研究／
胡旺盛著 . -- 北京：经济科学出版社，2023.12
ISBN 978 - 7 - 5218 - 5513 - 5

Ⅰ.①外… Ⅱ.①胡… Ⅲ.①产业发展 - 研究 ②品牌
战略 - 研究 Ⅳ.①F260 ②F272

中国国家版本馆 CIP 数据核字（2024）第 009189 号

责任编辑：杜　鹏　武献杰　常家凤
责任校对：易　超
责任印制：邱　天

外源性产业平台品牌的形成机制与发展策略研究

胡旺盛◎著

经济科学出版社出版、发行　新华书店经销
社址：北京市海淀区阜成路甲 28 号　邮编：100142
编辑部电话：010 - 88191441　发行部电话：010 - 88191522
网址：www. esp. com. cn
电子邮箱：esp_bj@ 163. com
天猫网店：经济科学出版社旗舰店
网址：http://jjkxcbs. tmall. com
固安华明印业有限公司印装
710 × 1000　16 开　10.5 印张　180000 字
2023 年 12 月第 1 版　2023 年 12 月第 1 次印刷
ISBN 978 - 7 - 5218 - 5513 - 5　定价：88.00 元
（图书出现印装问题，本社负责调换。电话：010 - 88191545）
（版权所有　侵权必究　打击盗版　举报热线：010 - 88191661
QQ：2242791300　营销中心电话：010 - 88191537
电子邮箱：dbts@ esp. com. cn）

前　　言

　　随着区域经济发展和市场开放的深入，国内各地吸引投资的竞争呈白热化，如何通过引入和整合外部资源打造区域经济活力是地方政府面临的挑战，对于一些资源优势不突出的区域来说更是如此。作为吸引多主体集聚、共享资源和共创价值的外源性产业平台型组织，其近年来发展迅速，品牌影响力不断扩大，成为参与地方经济发展的新载体，改变了以往地方政府依赖园区和展会招商的简单模式，在推进经济发展和提升地区竞争力方面发挥了重要作用。

　　现有研究对外源性产业平台的形成、多主体协同共创价值和平台品牌态度的形成机理尚缺乏系统研究。本书围绕"外源性产业平台构建—平台价值共创—平台品牌态度"的平台品牌形成发展脉络和逻辑顺序进行研究，通过梳理产业平台经济理论和品牌管理理论，分析现实中外源性产业平台品牌发展的现象，探究外源性产业平台形成的驱动因素、平台价值共创过程及机理、平台品牌态度形成机制和外源性产业平台品牌发展策略，促进外源性产业平台品牌的健康发展。

　　本书的研究内容和结论揭示了外源性产业平台形成的驱动因素、平台多主体协同共创价值的实现路径和外源性产业平台品牌态度的形成机理，探究和解决了外源性产业平台品牌发展的重要理论和现实问题。本书采用定性研究和定量研究相结合的研究方法，综合运用多学科理论，全面地揭示多主体合作共生情境下外源性产业平台品牌形成机制。

在学术贡献上，本书研究成果拓展了平台经济和品牌管理的相关研究，进一步丰富平台企业管理理论内容，为开展平台品牌管理领域的深入研究提供基础。研究成果对丰富现有的顾客价值理论和共生关系理论也具有一定的学术价值。同时，项目研究成果也有积极的应用意义：一是为地方政府在内生资源有限条件下打造外源性产业平台品牌、发展地方经济具有较强的指导意义和参考价值；二是为外源性平台企业更好地塑造平台品牌形象和提升品牌资产有积极的启示意义，为外源性平台经营和管理者在共生环境背景中如何共创价值、合作共赢、更好地提升平台经营管理绩效具有一定的应用价值；三是对其他类型平台管理及平台品牌形象塑造和提升管理绩效也有一定的借鉴意义和参考价值。

本书是团队成员集体智慧的研究成果，凝结了研究团队包括教师和研究生的研究心血。课题组成员郑亚琴教授、吴灼亮副教授、任玲玉副教授、王丽副教授和王唤明老师参与项目设计论证和研究工作，研究生贾明明和凌锦花参与研究资料收集和部分数据整理工作，胡旺盛教授进行撰写和总纂。

本书是国家社会科学基金项目"外源性产业平台品牌的形成机制与发展策略研究"（项目批准号：17BGL241）的最终成果。研究得到安徽财经大学消费者行为研究中心和工商管理学院的大力支持，他们为项目研究提供了良好的条件。

本书在研究和撰写过程中力求做到结构体系严谨、理论推导缜密、研究设计合理和数据分析正确，以保证研究结论的客观性和学术研究的规范性。但由于时间关系和水平有限，研究成果还存在一定的局限性和不足之处，希望同行专家提出宝贵意见。

胡旺盛

2023 年 12 月

目　录

第一章

绪　论

第一节　选题背景与研究意义

一、选题背景

随着区域经济发展和市场开放的深入，国内各地方政府纷纷利用产业园区和展会等形式进行招商引资。不少省份乃至区县之间吸引投资的竞争呈白热化，地方政府靠税收优惠、土地优惠、财政补贴等方式吸引企业的做法已不可持续，且不少产业园区"千园一面"，同质化严重，在区域竞争中已难显特色和优势，特别是对于一些资源优势不突出的区域来说更是如此。如何通过引入和整合外部资源来打造区域经济活力是地方政府面临的挑战。

各种形式的产业平台型组织发展迅速，成为促进经济发展的市场组织形态。产业平台作为产业经济活动的载体，吸引各类市场主体聚集和方便其生产、经营、交易和消费。现实生活中，如万达城市广场、海吉星、京东和滴滴等商贸服务类产业平台促进了经济发展，并在全国形成很强的品牌影响力，成为推动经济增长的新的市场组织。相比于传统产业组织形式，产业平台最大的不同在于它塑造出了从单边到多边的全新的产业模式。产业平台是一种开放的商业模式，利用其优势吸引多主体集聚，共享资源，共创价值。

产业经济理论认为，企业最初集聚的直接原因是为了节约成本。产业平台的成本优势是企业空间集聚带来的内外部交易费用的降低，平台中的企业比平台外的企业能够以更低的生产成本或交易成本提供产品和服务而获得更大的竞争优势。产业平台在环境成本、信息成本、配套成本和交易成本方面具有竞争优势。产业平台的迅猛发展，有力地推动各地经济社会发展。产业平台作为多主体参与地方经济发展的新载体，改变了以往地方政府依赖园区和展会招商的简单模式，在推进经济发展和提升地区竞争力方面发挥了重要作用。

产业平台可通过依托区域特有的原生资源优势（历史、文化、经济、自然、地理等）建立起来，也可通过引入外源性要素而形成。但随着各地可进一步挖掘和利用的本地优势资源越来越有限，一些地方政府更加重视外源性资本对当地经济的推动作用，引入龙头企业，搭建外源性产业平台，吸引关联企业聚集，形成有影响的平台品牌。

外源性产业平台的形成更依赖于龙头企业的带动作用，外源性龙头企业是外源性产业平台形成的核心力量。龙头企业的价值主张和政府产业发展战略以及产业政策相契合，其运用强大的品牌影响力迅速吸引众多相关企业迁移和加盟。龙头企业基于平台的价值主张得到认同，关联企业对龙头企业的信任以及龙头企业资金和品牌的背书作用吸引关联企业跟随加入，产业平台的网络得以形成。

外源性产业平台名称和相应影响力就具有品牌特性，通过开展经营活动能形成自身独特形象和声誉，通过传播产生更大的品牌影响力，建立起平台自身的品牌资产。企业品牌创建模型认为，只有品牌价值主张独特并产生市场共鸣，才能建立品牌资产（Aaker，1996）。外源性产业平台品牌价值主张先始于外源性龙头企业对市场机会的识别和价值发现，其价值主张得到相关产业企业认同而聚集形成平台，共同创造和传递价值，形成品牌影响力。

在开放的经济环境中，各主体的行为、资源具有外部效应，主体间的合作和协同能使平台更有效地整合资源，增加各参与方利益，创造出更大的品牌价值。外源性平台品牌的精髓在于运用市场化而非行政化打造一个多主体共赢互利的生态圈，要让栖息在生态圈中的多数成员共创顾客价值、共同获得利益，平台才能稳定发展，才能扩大平台品牌影响力。

外源性产业平台是一种市场组织形态，某一具体的外源性产业平台品牌就其本质而言，具有一般企业品牌的特性。其外源性产业平台名称、商业模式、经营战略和行为、产品和服务等均构成品牌识别和品牌形象。不过，外源性产业平台品牌的形成较一般企业品牌更加复杂，是一项系统工程，宏观层面要求认同平台价值和搭建起平台支撑系统，形成一定的规模和网络；微观层面要求各主体相互作用，以产生协同效应，通过专业化分工和协作结成本地化网络，相互竞争与合作，相互协作与补充，共创与共享价值，共同推动平台品牌的形成。

与一般企业品牌相比，外源性产业平台品牌形成中的主体作用有极大区别。企业品牌主体单一、清晰，而外源性产业平台品牌主体多元、复杂，难于控制（Trueman et al.，2004），参与主体复杂多样，外源龙头企业、参与企业、政府甚至行业协会在产业平台品牌中都发挥建设者的作用，但外源龙头企业发挥核心作用。外源龙头企业在协同共创平台品牌价值过程中的角色会不断演化，随着发展，龙头企业会由市场台前活动的主导者退居为幕后支持角色。在第一阶段，龙头企业利用自己的实力和品牌声誉发挥号召和引领作用，搭建平台；第二阶段，龙头企业和关联企业价值共创，关联企业利用平台的协作优势、成本优势和网络优势，共同发挥价值创造者作用；第三阶段，龙头企业主要起平台生态系统维护和扮演价值支持者的角色，平台品牌资产主要由平台所有企业为消费者提供的产品和服务及由此而形成的消费者对平台品牌认知、联想和忠诚所构成。

企业品牌理论认为，品牌态度是品牌资产形成的重要来源。品牌态度是消费者对于品牌的整体评价，其要素包括品牌情感与品牌知识。品牌态度的形成是消费者信息加工的过程，品牌和产品的属性与利益是品牌态度的基础（Aaker，1991）。外源性产业平台品牌要成功建立，关键要看消费者是否对外源性龙头企业和平台参与企业品牌形象和营销活动认可，并将对它们的正面品牌态度转移到产业平台品牌上。而现有文献大多聚焦品牌态度的形成及影响因素，缺少消费者对平台品牌态度转移路径的研究，即消费者是如何进行态度转移的，或是以何种方式进行态度转移的。在外源性产业平台经营实践中，现今外源性产业平台品牌发展呈分化状态，需要研究外源性产业平台品牌形成机制和品牌发展策略，以促进外源性产业平台品牌发展壮大。

针对外源性产业平台品牌发展的现实问题，已有研究存在以下几方面的局限：第一，现有研究更多地关注外源性产业平台的影响因素，而缺乏对外源性产业平台形成的驱动因素进行系统分析，尤其是龙头企业的引领作用的内在机理。第二，外源性产业平台品牌关联主体多元、复杂，它们共创品牌价值的协同机制尚不清楚。第三，现有研究缺少研究外源性产业平台品牌的形成机理，缺少对外源性产业平台品牌态度的形成过程和影响作用的理论研究，也缺乏实验检验的支持。我们认为，现有研究还无法对外源性产业平台品牌建设和发展提供全面的理论指导，有必要结合平台经济、区域经济理论和品牌管理理论研究外源性产业平台品牌形成的内在机制和发展策略。

因此，基于理论和实践两方面原因，本书围绕"外源性产业平台构建—平台价值共创—平台品牌态度"的平台品牌形成发展脉络和逻辑顺序展开研究，运用产业平台经济理论和品牌管理理论，分析现实中外源性产业平台品牌发展的现象，探究外源性产业平台形成的驱动因素、平台价值共创过程及机理、平台品牌态度形成机制和外源性产业平台品牌发展策略。

二、研究意义

（一）理论意义

本书主要采用质性和实证研究方法，运用产业经济和品牌管理理论，根据"外源性产业平台构建—平台价值共创—平台品牌态度"的平台品牌形成发展脉络进行研究，理论上回答了三个方面的科学问题：一是探究驱动外源性产业平台形成的影响因素和平台关联主体的作用形式，提炼出驱动外源性产业平台形成的环境吸引力和平台吸引力因素；二是构建出共生关系视角下产业平台价值共创演进机理的理论模型，解释外源性产业平台多主体协同参与价值共创的演化路径；三是证明外源性龙头企业品牌形象在外源性产业平台品牌态度形成中存在显著溢出效应，构建和验证了外源性平台多主体管理策略对外源性产业平台品牌态度影响的理论模型并阐述其作用机理。

国内外学术界尚未有人在这方面进行系统的实证研究，本书研究成果拓展了平台经济和品牌管理的相关研究，进一步丰富了平台企业管理理论内容，为开展平台品牌管理领域的深入研究提供基础。研究成果对丰富现有的顾客价值理论和共生关系理论也具有一定的学术价值。

（二）实践意义

在区域经济发展中，品牌效应已经成为和自然资源、地理条件同等重要的影响因素。做大外源性产业平台品牌，利用其品牌效应壮大产业促进相关产业发展，是迅速发展壮大区域经济、培育区域核心竞争力的有效途径。本书通过梳理产业平台发展理论和品牌管理理论，分析现实中外源性产业平台品牌发展的现象，探究外源性产业平台的驱动因素、平台价值创造、平台品牌形成机制和品牌发展策略。本书研究成果有积极的实践意义：一是为地方政府在内生资源有限条件下打造外源性产业平台品牌、发展地方经济具有指导意义和参考价值；二是为外源性平台企业更好地塑造平台品牌形象和提升品牌资产有积极的启示意义，为外源性平台经营和管理者在共生环境背景中如何共创价值、合作共赢，更好地提升平台经营管理绩效具有一定的应用价值；三是对其他类型平台管理及平台品牌形象塑造和提升管理绩效也有一定的借鉴意义和参考价值。

第二节 研究方法与基本思路

一、研究方法

本书采用定性研究与定量研究相结合的方法，具体采用文献研究、深度访谈、典型案例研究和统计与计量分析等研究方法。

（一）文献研究

本书研究建立在大量文献研究工作基础之上，广泛收集产业经济、平台经济、共生理论、顾客价值和品牌管理等领域的大量中英文文献，密切跟踪理论前沿动态，根据研究需要选择与研究主题密切相关的国内外文献资料进行重点研读，系统梳理平台经济理论、价值创造理论和品牌管理理论研究的最新成果，特别是对文献匮乏、理论框架与研究方法均不成熟的产业平台品牌管理理论，经过全面检索、跟踪、整理与归纳，厘清和掌握外源性产业平台演进和平台企业品牌态度理论的研究脉络、主要研究内容和研究不足，为本书研究理论模型的构建和假设提出奠定坚实的理论基础。

（二）深度访谈

本书运用深度访谈的方法对外源性产业平台形成过程和驱动因素进行研究。通过对外源性产业平台高管、地方政府商务部门官员就外源性产业平台进行深入访谈调查，掌握第一手资料，了解地方政府、外源龙头企业和关联企业在产业平台形成、平台品牌价值协同创造和品牌建设中的影响和作用，并结合文献研究和理论分析修正完善研究模型，并为相关问卷设计和调查奠定基础。

（三）典型案例研究

运用外源性产业平台品牌运营发展的典型案例研究，通过第一和第二手资料，选取安徽启迪科技产业平台、中国丝绸文化产业创意园和腾讯互联网社交服务产业平台为典型案例对象，对产业平台协同共创演进机理进行探索性研究，归纳外源性产业平台相关主体协同共创平台品牌价值的核心要素，为构建多主体协同的产业平台品牌价值创造和价值传递、传播的路径逻辑提供概念基础和实证修正，为构建基于共生关系的产业平台价值共创理论模型奠定基础。

（四）统计与计量分析

运用探索性因子分析方法确定量表的最优题项，采用验证性因子分析评价构念的信度和效度，验证外源性产业平台品牌态度构成维度；运用多元回归分析，研究外源性龙头企业品牌形象、平台多主体管理策略对消费者的平台品牌态度影响的理论模型，并进行拟合检验和评价；运用方差分析方法对比分析外源性产业平台多主体管理策略对消费者的平台品牌形象感知方面和平台品牌态度方面存在的差异性影响；采用回归分析和 Bootstrap 方法进行中介效应检验，证实消费者认同和平台品牌形象感知的中介作用，验证外源性龙头企业品牌形象、消费者认同和平台品牌态度的影响路径，验证外源性平台多主体管理策略、平台品牌形象感知对消费者的平台品牌态度的影响路径。

二、基本思路

本书首先围绕研究主题进行相关文献梳理与分析，为研究奠定坚实的理论基础；其次基于实践考察和通过受众访谈，厘清外源性产业平台品牌形成机制的演进路径，根据"外源性产业平台构建—平台价值共创—平台品牌态度"的平台品牌形成发展脉络进行课题研究，提炼外源性产业平台形成的驱动因素、平台品牌价值创造的影响因素和平台品牌态度的维度和理论模型；再次通过访谈、问卷调查检验修正理论模型，并选取典型案例进行分析，运用实证研究进行检验、验证；最后在此基础上提出外源性产业平台品牌创建路径和发展对策建议。本书遵循以下技术路线展开研究，如图 1-1 所示。

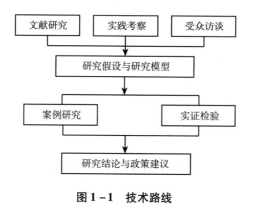

图 1-1　技术路线

第三节　研究对象和内容

一、研究对象

本书将外源性产业平台作为研究对象，围绕外源性产业平台品牌生成路径，研究外源性产业平台的品牌形成机制和品牌发展策略。

二、研究内容

本书探究外源性产业平台的驱动因素、品牌形成机制和品牌发展策略。重点围绕三个科学问题：第一，外源性产业平台是如何形成的？第二，外源性产业平台关联主体如何协同共创平台价值？第三，外源性产业平台品牌态度是如何形成的？这些问题的研究将有助于回答"地方政府在内生资源有限条件下如何打造外源性产业平台品牌发展地方经济"的问题。根据这一研究思路，本书按照图 1-2 所示的研究框架展开研究。

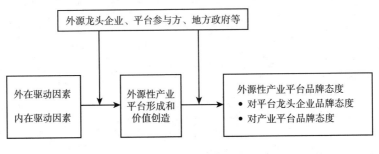

图 1-2 研究框架

(一) 外源性产业平台形成的驱动因素研究

平台搭建是平台品牌形成的前提。根据产业经济理论和区域经济理论，产业平台落户一地必然基于相关条件的驱动，从理论上梳理产业集聚和产业平台产生的内在因素。同时，深入分析现实中代表性的外源性产业平台实践的案例，提炼外源性产业平台形成的影响因素、驱动因素以及它们的驱动作用过程。本书通过理论文献分析、案例研究和深度访谈，研究外源性产业平台形成的外在驱动因素和内在驱动因素，以及政府和龙头企业在外源性产业平台形成中的作用。

(二) 外源性产业平台价值创造中的协同机制研究

产业平台是一个多主体共生的商业生态系统，外源性产业平台价值创造主体具有多元性、复杂性。外源性龙头企业在其中扮演核心角色，平台参与企业对龙头企业的信任度、对其品牌核心价值主张的认同度，以及平台资源共享和协同整合的机制、核心企业的平台管理角色和能力都影响外源性产业平台品牌价值共创。本书通过理论文献分析和案例研究外源性产业平台的协同机制如何为平台共创顾客价值，揭示其平台价值共创过程和演进机理。

（三）外源性产业平台品牌态度的形成及影响作用研究

根据品牌管理理论，顾客是品牌资产的评价者，品牌价值要传播、传递至顾客才能产生品牌资产。市场和公众对外源性产业平台品牌态度的形成具有混合和迁移的特性，既体现为对龙头企业和关联企业品牌的感知，又体现为经由这些导致的对平台品牌的感知和态度的形成。因此，本书探究外源性产业平台品牌态度的形成是否受到外源龙头企业品牌形象的影响以及影响的作用机制。同时，针对外源性产业平台龙头企业（管理方）和平台参与企业多主体合作共生情境下，平台多主体方管理策略对平台品牌态度的影响及作用机制进行研究。

（四）外源性产业平台品牌形成机制的实证检验

基于上述理论分析与案例研究，本书提炼外源性产业平台品牌态度的影响因素，构建出外源性龙头企业品牌联想、平台多主体管理策略对平台品牌态度影响的理论模型并实证检验，探究外源性产业平台品牌形成的机理。一方面，研究外源性龙头企业品牌联想对影响消费者对外源性产业平台品牌态度的影响及影响的作用机理；另一方面，以具体的外源性产业平台为研究对象，探索外源性产业平台龙头企业和参与企业共生情境下，不同主体管理策略对于消费者品牌态度差异化的影响及作用机理。

（五）外源性产业平台品牌发展策略和政策建议

本书在上述研究的基础上，针对相关外源性产业平台品牌管理实践，提出外源性产业平台品牌发展策略，为地方政府更有针对性地吸引外源龙头企业、发展有影响的外源性产业平台品牌、提高区域经济竞争力提供有力的政策建议。研究结果也为外源性平台企业在共生环境中如何共创价值，更好地塑造平台品牌形象和提升平台经营管理绩效提供借鉴和参考。

第四节　研究特色与创新

一、研究特色

(一) 选题具有原创性和创新性

产业平台相关理论研究在国外也是近十多年才开始得到重视，而且主要停留在定性描述阶段，缺乏对现实刻画更为准确的系统性案例研究和实证研究。我国对平台经济和平台企业的研究近几年才开始，还处于起步阶段，在中国国情下，平台经济组织发展和品牌建设的理论领域还缺少深入拓展。本书运用平台经济和企业品牌理论研究外源性产业平台品牌形成机制，针对外源龙头企业和平台参与企业多主体合作共生情境下，平台龙头企业品牌形象、平台管理方和参与方管理策略对平台品牌态度的影响及作用机制进行研究，选取了一个新的研究视角与研究领域。因此，本书研究的科学问题属于原创性问题，具有明显的特色和创新性。

(二) 学术性和实务性兼备

本书研究外源性产业平台品牌管理，拓展了品牌理论的应用领域，运用定性和定量研究方法，具有较强的学术性和理论价值。同时，本书研究的问题又源于实际，针对地方政府在内生资源有限条件下如何实现经济发展、如何引入和整合外部资源，通过打造外源性产业平台品牌发展地方经济的现实问题进行研究，研究结论和管理建议具有丰富的理论意义和广泛的现实意义，对于推动地方经济发展、增强区域经济活力、塑造企业品牌形象，具有较强的指导意义和参考价值。

(三) 进行跨学科交叉研究

产业平台既是一种经济发展业态，也是一种市场组织类型，若单独使用经济学或管理学理论进行研究无疑有明显局限。本书综合运用经济学、管理学、心理学和行为科学等学科理论，特别是产业经济、区域经济、平台经济、品牌管理、消费者行为和顾客价值等理论的最新研究成果，结合课题研究对象，进行跨学科交叉研究。在研究外源性产业平台形成的驱动因素及作用机制、外源性产业平台多主体共创价值及对平台品牌态度影响等方面研究均运用多学科理论进行交叉研究。

（四）研究方法的科学性和规范性

本书以核心命题为主线，根据研究需要，精心设计研究方法，采用多种研究方法，定性研究和定量研究相结合。运用扎根理论研究驱动外源性产业平台形成因素的核心范畴，运用典型案例研究外源性产业平台多主体共创价值的演化路径，运用情景设计研究外源性产业平台多主体策略行为对平台品牌态度的差异性影响。这些研究设计科学合理、规范严谨、运用恰当，保证了研究结论的客观性和学术成果的严谨性。

二、研究创新

本书从研究内容来看，有以下三个方面的研究创新。

第一，综合运用经济学、管理学、心理学和行为科学等学科理论，根据"外源性产业平台构建—平台价值共创—平台品牌态度"的平台品牌形成发展脉络，系统性研究外源性产业平台品牌形成机制。

产业平台是一种新型、开放的市场组织和商业模式，通过吸引多主体集聚共创价值。外源性产业平台可以利用外部资源推动地方经济发展，扩大经济影响力。和外源性产业平台品牌快速发展的现实相比，其理论研究匮乏。面对这一现实和理论中的新问题，首次提出外源性产业平台概念，本书运用多学科理论，提炼外源性产业平台形成的驱动因素和平台价值共创的影响因素，系统性研究外源性产业平台品牌形成机制，揭示外源龙头企业、参与企业和地方政府等在平台形成的不同阶段的作用。

第二，基于共生理论通过企业案例探索性研究外源性产业平台多主体协同

共创价值的演化路径和内在机理，丰富和拓展了产业平台经济研究和顾客价值
理论领域现有的研究成果。

平台组织的价值共创行为的特殊性在于平台属多主体共生环境，只有多主
体共同合作，才能共创价值，共赢发展。这种合作必须基于内在的动力而不是
外部强加的力量，合作才能稳定和持久。通过多案例探索性研究，构建出共生
关系视角下产业平台价值共创的理论模型，识别出平台认同、平台治理和平台
协同在平台价值共创过程中的不同作用。这一结论丰富了产业平台经济的研
究，也拓展了顾客价值理论领域现有的研究成果。

第三，结合平台经济、区域经济理论和品牌管理理论，对外源性产业平台
品牌态度的形成过程和影响作用进行理论和实证研究，在品牌理论拓展方面有
一定的学术创新。

本书运用企业品牌理论研究外源性产业平台品牌形成机制，针对外源龙头
企业和平台参与企业多主体合作共生情境下，平台龙头企业品牌形象、平台管
理方和参与方管理策略对平台品牌态度的影响及作用机制进行研究，这是企业
品牌研究方面的新问题。研究发现外源性龙头企业品牌形象的迁移作用和溢出
效应显著，验证了外源性龙头企业品牌形象是消费者评价平台品牌的重要外部
线索，这一结论丰富和扩展了企业品牌领域现有的研究成果。运用方差分析方
法对比分析外源性产业平台多主体管理策略对消费者的平台品牌形象感知方面
和平台品牌态度方面存在的差异性影响。通过商贸类平台实证研究发现，平台
管理方的监管策略和宣传策略更能影响消费者对平台品牌的认知态度，平台卖
家的销售策略更能影响消费者对平台品牌的情感态度。研究证实消费者认同和
平台品牌形象感知在消费者平台品牌态度形成中的中介作用，全面、动态地解
释了多主体合作共生情境下外源性产业平台品牌形成机制。

第二章

基本理论与文献综述

第一节　外源性产业平台理论综述

一、产业平台概念和特性

（一）平台和产业平台

平台是一种交易空间或场所，以引导和促进双方或多方客户之间的交易。现实生活中有很多平台的例子，如购物中心、商业广场、操作系统平台、互联网站、媒体广告等。平台作为学术概念最早由美国学者惠尔赖特和克拉克（Wheelwright and Clark，1992）用于企业管理领域，后被引入产业经济学后获得快速发展（钱平凡等，2014）。

由于研究领域和研究视角的不同，学者对平台的定义也不一样。罗切特和泰洛尔（Rochet and Tirole，2003）从产业经济学视角认为，平台是两个或更多方提供交易中介的产品、服务、公司或组织。蒂瓦纳（Tiwana，2013）将平台的作用范围从具有单一功能的系统扩展到商业生态系统，这样，平台既有提供单纯的产品或服务的平台，也有涵盖商业生态系统的产业平台。

对于产业平台，学界没有一个明确的理论定义和概念，人们对它的理解和运用主要源于对平台概念的延伸运用和直观借鉴。李必强和郭岭（2005）给产业平台下了一个定义，认为产业平台是指能为产业生产经营活动提供一定功能服务的开放共用系统的统称。产业生产经营活动涉及范围广泛，包括产业领域和具体的产业生产经营活动的内容，产业平台按其功能可分为两类：一类是产业领域平台，如工业产业平台、农业产业平台、文化产业平台；另一类是具体的产业生产经营平台，如销售平台、物流平台、生产平台、支付平台等。

产业平台是为相关产业的经济活动搭建的载体，以吸引各类市场主体聚集并方便其生产、经营、交易和消费。产业平台主体方不仅提供商业生态系统的核心功能，而且确定生态系统中各方互动的规则。扮演产业平台主体方角色的企业可以凭借技术、信息和契约工具等对其他企业进入该生态系统以及其他行为进行管制。与一般平台不同，产业平台往往具有多方面的功能。

(二) 产业平台特性

产业平台是市场组织的具体化形态，就其本质而言，有三层含义：一是工具化，即平台在其形成过程中，是作为一种相对于人为自觉意识而被设计、规范和操作的市场化工具客体存在的；二是具体化，即从平台形成和发展的结果看，平台是市场设计者理想市场规则在现实世界中的实体映射形态，这种映射形态与理想规则不尽一致；三是自组织化，即从平台动态发展的角度看，平台一旦形成，就具有自觉与自主发展的自组织品格。

产业平台作为产业生产经营活动的市场载体，具有以下特性：一是功能性，即每一具体的产业平台都有其特定的平台服务功能，为相关的产业组织及其客户提供相应的功能服务，满足平台各方的需求；二是开放性，即每一具体的产业平台对符合相应要求和条件的生产经营活动和交易行为的参与者都是开放的，而不是排斥；三是通用性，即每一具体的产业平台向平台参与者提供统一、标准化和规范化的功能服务，所有平台参与者必须遵守平台的行为规则，使平台所有参与者共同享有平台提供的功能服务。

二、外源性产业平台及形成

(一) 外源性产业平台

孙雷 (2009) 认为，根据内生和外生增长理论，从产业发展的动力源上可将产业分为内源性产业和外源性产业。外源性产业是指当外源性因素或资源 (包括外来的资本、技术、品牌、人才或管理等) 在某一产业的形成或发展过程中起着至关重要的作用。类似地，产业平台有内源性产业平台和外源性产业平台。前者是依靠当地资源或历史文化背景本土企业自发形成或在当地政府强力推动下形成，后者是外源性资本、技术、品牌等关键资源进入当地并主导形成的产业平台。

产业平台可通过依托区域特有的原生资源优势（历史、文化、经济、自然、地理等）建立起来，也可在无明显资源优势的区域通过资本将相关生产经营要素有效组合而形成（Cennamo and Santalo，2013）。本书提出外源性产业平台这一概念，旨在探讨资源禀赋并不丰富的地区如何通过招商引资建立相应产业平台，促进当地经济发展。

（二）外源性产业平台形成的影响因素

外源性资本（通常为外地大公司或龙头企业）为了获得地理位置、资源禀赋、政府政策等区位优势，在一地投资并吸引配套企业网络进入，形成外源性产业集群（江青虎等，2011）。本书认为，外源性资本（外源龙头企业）进入一地，建立起为产业经营活动载体的具体化形态的市场组织，具备功能性、开放性和通用性特征，即称为外源性产业平台。

在外源性产业平台中，外源性资本是发挥主导作用的核心力量，因而外源性产业平台的形成包括两个相辅相成的环节：外地龙头企业投资建立为相关产业服务的平台系统和吸引平台关联方入驻。外源性产业平台形成的影响因素主要有两类：吸引外地龙头企业的因素和吸引平台关联方的因素。

1. 吸引外地龙头企业的因素

产业经济理论认为，企业最初集聚的直接原因是为了节约成本。产业平台的成本优势是企业空间集聚带来的内外部交易费用的降低，平台中的企业比平台外的企业能够以更低的生产成本或交易成本提供产品和服务而获得更大的竞争优势。雷里斯托（Rainisto，2012）认为，产业平台的成本优势具体表现为环境成本、信息成本、配套成本和交易成本。

良好的区域环境不仅可以降低企业经营成本和费用，还有利于提升企业经营管理的效率，为企业经营提供更大的便利。区域环境是能否吸引外源性资本的重要条件。产业平台的形成离不开有利于生成和发展的独特的区域环境因素，如区域资源环境、基础设施、投融资环境和营商环境等。资源环境包括自然资源、人力资源和科技资源；基础设施包括产业性基础设施、信息性基础设施和公共性基础设施；投融资环境包括当地的财税、金融政策和优惠扶持措施，银行金融机构服务意识、配套服务以及资金支持力度等；营商环境包括保护产权的制度、财政税收政策、政府办事效率和服务意识、执法环境等。孙丽辉等（2010）认为，特别是政府产业发展战略和产业政策以及良好的投融资环境是吸引外源性企业进入的直接动因。

外源性产业平台是由龙头企业和关联企业共同搭建，区域的资源禀赋将影响他们的投资决策。地区的资源禀赋包括经济发展水平、劳动力、技术、基础设施等。资源禀赋是吸引相关企业最重要也是最基本的动力，如果一个区域没有任何的资源优势，那么在该区域吸引相关企业进行投资是不可能的。梅加－多兰蒂斯等（Mejia－Dorantes et al.，2012）认为企业在决定是否在某地进行投资的过程中是受多种因素共同的作用，包括公司的考虑因素、劳动力的可用性、市场机会和运输成本，但许多这些因素都受到基础设施的便利性的影响。刘英基（2015）通过构建计量模型的方法研究了企业选址与资源禀赋之间的关系，研究表明，区域经济发展水平、劳动力成本、劳动者素质和交通条件等资源禀赋因素对企业的选址有着显著的作用，生产资料、基础设施等资源禀赋方面的优势为外源性资本的注入奠定了基础。

地方政府是区域产业经济发展的重要推动者。政府制定的发展战略和产业政策对当地相关产业发展发挥关键引导作用，会吸引和政府产业政策导向相契合的外源资本投资建立产业平台，这些产业平台也会得到该地政府更多的政策优待和扶持。除了政府的产业政策，政府的声誉也是影响企业进行投资决策初始动力（李长云和张悦，2017），政策的连续性、兑现度以及政府的办事效率与透明度，都是企业进行投资所要考虑的因素（张路通和邓彤，2009）。积极的产业政策和良好的营商环境是驱动外地龙头企业投资、搭建外源性产业平台的重要因素。

区域市场环境也是外源性产业资本关注的重要因素。外源性产业平台是由外部资本注资搭建，区域市场环境吸引着外部资本的注入，市场环境可以分为市场规模、市场潜力等。金相郁和朴英姬（2006）认为，市场规模是决定外部企业直接投资的主要因素，除了现有的市场规模之外，市场增长率越高反映出市场越有潜力，企业就会直接投资于该地区，以抓住未来的巨大市场。段会娟和吴俊（2011）实证研究认为，市场潜力对投资和就业区位产生积极影响。潘文安（2015）通过实证研究得出，对于企业的异地经营绩效，区域的市场环境对其有着显著的影响。外源性产业平台会选择搭建在适合龙头企业和关联企业市场经营的市场环境之中，市场环境的好坏影响着平台的搭建。

2. 吸引平台关联企业的因素

与内源性产业相比，外源性产业平台形成更依赖于龙头企业的带动作用，外源性龙头企业是外源性产业平台形成的核心力量（赵伟和周飞燕，2004）。有雄厚实力和竞争优势的外地龙头企业率先进入，会带动许多进行专业化生产和配套服务以及上下游相关的中小企业，形成专业功能的产业平台。

能否吸引众多的多方主体是平台能否搭建的关键，而龙头企业基于平台的价值主张能否得到认同最为重要。奥斯托沃尔多（Osterwalder，2004）认为，在一个业务模式中，价值主张是核心要素，价值主张是对市场需求的解决方案、向消费者提供的利益或价值以及如何获得收益的描述。关联企业对平台价值的识别和认同是它们决定加入平台生态圈的前提。田刚等（2013）认为，由于关联企业对龙头企业的管理方式和价值的高度认同，他们才会加入这个平台生态系统。正是平台的价值主张得到相关产业企业认同而吸引它们聚集，才会使平台有完整的专业功能和形成平台生态系统，龙头企业和各关联方共同创造和传递价值，壮大平台竞争力（陈威如和余卓轩，2013）。

除了对平台价值主张认同，信任和承诺也是吸引平台关联企业加入和企业间稳定、有效合作的重要因素。外源性产业平台是由相应的龙头企业出资并与关联企业达成合作关系，而形成的一种平台系统。因此，龙头企业巨大的品牌声誉会是吸引关联企业加入其平台生态圈的重要因素。李明武和肖晓章（2008）研究认为，企业的品牌吸引着关联企业的集聚。李永峰和司春林（2007）用实证的方法研究了企业声誉与企业合作之间的关系，研究表明，企业的声誉能够正向影响企业间的相互信任，并且能够通过企业间的相互信任间接的正向影响企业间的长期关系、绩效和承诺。龙头企业的品牌是一种强有力的背书，增强关联企业对平台成功的信心，容易产生跟随效应。另外，企业与具有一定社会知名度的企业建立伙伴关系，不仅能够提高利益相关者对其的信任度和认知度，而且能够帮助其与相应的竞争者进行区分，进而使其战略地位得到改善（刘雪梅，2012）。在产业平台的形成过程中，龙头企业的知名度和市场影响力能够起到辐射和带动的作用，吸引着关联企业，快速促进平台的形成。

阿加瓦尔和纳罗亚拉（Agarwal and Narayana，2020）认为，关系承诺是合作关系的连续性和稳定性的根源。关系承诺是指在一段时间内建立或维持双方关系的强烈愿望（Goodman and Dion，2001）。平台联盟中的参与者之间的关系承诺对平台的稳定有着重要的作用，如果参与者不愿意向相应的平台投入必要的资源，或是其诚信度不足，那么承诺的事情将不会得到实现，最终的结果是平台的瓦解（游达明和黄曦子，2016）。蔡继荣（2012）通过研究表明，联盟参与者的可置信承诺水平与联盟的稳定性呈正向相关关系。产业平台是由相应的龙头企业搭建的一种特殊的联盟组织，龙头企业与入驻企业之间的关系承诺会对平台的形成、稳定与发展产生重大的影响。另外，学者们普遍认为平台运营企业与参与者之间的关系承诺对合作绩效会产生正向影响的作用。

资源依赖理论认为，任何组织的生存和发展都受制于资源要素，资源要素的组合变化是形成竞争优势的来源（Hillman et al.，2009）。龙头企业搭建的平台聚集了更多资源，包括各类生产经营要素资源、广泛的知识和信息资源、更多的上下游客户资源。平台的资源聚集功能对平台关联企业有着很大的吸引力。平台商业模式的设计是以价值共创、资源共享为指导思想的，平台中的企业可便捷获取资源，共享各种资源，还可分摊相关资源和服务成本。

龙头企业的价值主张和政府产业发展战略和产业政策相契合，并运用其强大的品牌影响力能迅速吸引众多相联企业跟随迁移和加盟（孙雷，2009）。龙头企业基于平台的价值主张得到认同，关联企业对龙头企业的信任以及龙头企业资金和品牌的背书作用能够吸引关联企业跟随加入，产业平台的网络得以形成。为了获取地理位置、资源禀赋、政府政策等区位优势，龙头企业选择在某地投资，其配套企业网络也跟随进入，大量相关企业聚集，又会吸引交易中的另一方加入，平台网络不断扩大。

第二节　产业平台价值共创理论

一、产业平台共生关系理论

(一) 产业平台共生

"共生"最早用于描述生物学领域中各种生物间因共同生活及与外部环境间的能量转换和物质循环的密切联系，共生现象在生物界普遍存在，相关生物之间按照某种模式互相依存、相互作用而协同进化 (Erlich and Raven, 1964)。袁纯清 (1998) 将生物学的共生概念及相关理论向社会科学领域进行拓展，认为在某些社会经济活动中共生单元之间在一定共生环境中形成共生关系。

根据共生概念，共生单元、共生模式和共生环境构成共生关系的三个基本要素。共生单元也即共生主体，是共生活动的基本单位。共生模式是共生单元相互作用或相互结合的方式，有寄生、偏利共生和互惠共生等类型。共生模式是共生关系的重要特征，因为其直接影响到共生主体间能量传递的方式。共生环境是共生单元依存的外部环境，是共生关系中重要的外部条件。

从共生理论的视角来看，产业平台中平台龙头企业与参与企业是重要的共生单元，在平台系统中担当不同的角色，形成共生关系群体。产业平台也具有共生三要素，即共生单元是平台企业和参与企业，共生模式是产业平台上的合作和运作模式，共生环境是产业平台所处的外部环境。平台龙头企业是核心的共生单元，起到了资源融合及匹配的作用，扮演着领导者和管理者的角色，对资源整合和共生单元的协调起到了不可替代的作用 (胡岗岚等，2009)。在产业平台这个共生组织中，各成员之间维持着一定的合约关系，但作为共生单元的各个成员又具有自身的独立性和利益，他们依靠共生组织之间的共同利益关系，既竞争又合作，形成稳定而密切的组织网络，使各个成员的利益在共同利益增进中得到提高。

(二) 产业平台共生关系行为方式

从生物体的角度看，成长是生物从低级逐渐走向高级的过程，成长过程伴随着生物与外界的能量交换。同样，平台企业与参与企业的成长过程也需要彼此进行"能量"交换，通过延伸内部资源优势和吸取外部资源达到内部系统功能的成熟。对产业平台来说，用户的聚集使产业平台规模效应显现，产品开发成本得到分摊，参与企业数量的增加能够降低产业平台服务新增客户的边际成本，有时有影响的明星企业的参与还会增强平台的影响力。对于参与企业来说，产业平台为交易各方提供了安全的交易环境，并降低交易成本、优化业务流程（程大涛，2003）。此外，平台龙头企业的知名度对参与企业起到了一定的营销效应，增强了他们的知名度和信任度。通过这种共生关系的建立，各方都能达到利益最大化，进而实现共赢。

互惠共生是产业平台多主体共生行为方式的基本模式。根据共生理论，产业平台龙头企业与参与企业之间在行为方式上主要是互惠共生关系（赵先德等，2016）。首先，产业平台所具有的外部属性和网络外部性决定了互惠共生的关系。一方面，平台龙头企业通过协调各方参与者和优化资源配置及服务流程，增强平台的影响力，从而提高产业平台正的外部性，对参与企业来说起到正向宣传的作用；另一方面，知名企业加入平台，会给平台带来宣传效应。这种相互促进作用形成了网络效应。因此，平台龙头企业与参与企业在外部性和网络外部性的推动下形成了互惠共生的良好状态。其次，资源的异质性决定了互惠共生成为必须。平台龙头企业利用自身资源，收集市场信息，提供配套服务，为参与企业提供便利。参与企业经营不同业务，不同的资源互补，既为其他参与企业提供服务和支持，多样化的业务也为平台吸引更多不同需求的顾客，壮大平台的规模。

共创价值是产业平台多主体共生行为的典型特征。在共生环境下，产业平台各方共享利益和共担风险。产业平台龙头企业与参与企业只有进行有效的分工协作、优势互补、提升效率，才能共同创造更大的顾客价值。而顾客价值的提升又会吸引更多顾客，为平台发展进一步营造良好的共生环境，产生良性循环，不断推进产业平台发展，使平台各主体共同获得更多的利益。这种分工协同是自组织和市场化的，是产业平台各方基于共生环境下最大化自身利益的理性选择。

二、产业平台治理理论

（一）业平台治理概念

"治理（governance）"一词源于古希腊，有操纵、控制之意。20世纪70年代后，关于治理的研究不断增多，治理也与其他概念开始不断融合，如公司治理就是治理在企业中的运用。哈特和莫尔（Hart and Moore，1996）认为，代理问题和交易费用使组织内部成员之间产生利益冲突是公司治理的主要原因。不难发现，调节成员之间利益关系、制衡各方权利是公司治理的核心。

平台作为一种多方合作共赢的市场组织形式，拥有详细的交易规则、复杂的交易环境还有众多参与的主体（方兴东和严峰，2017），平台治理比传统的公司治理更为复杂。罗切特和泰洛尔（Rochet and Tirole，2002）以支付卡联盟中的多个竞争方的合作为研究对象，对平台治理进行研究。蒂瓦纳等（Tiwana et al.，2010）提出，平台治理主要包括决策权分割、平台控制权、所有权和剩余索取权等。艾森曼等（Eisenmann et al.，2006）针对平台连接双边或多边市场的特殊属性，提出要从平台设计和平台治理两个方面考虑如何通过治理策略增强网络正面效应。郑称德等（2016）认为，平台治理是平台经营者通过订立治理规则、制定政策来管理和维护平台有效运营，实现平台网络效应的最大化，促进平台生态系统健康稳定发展。

产业平台生态系统作为一种产业组织形式或融合多产业的组织形式，与传统市场系统架构不同，平台企业主体方在平台生态系统中扮演治理者的角色，约束其他企业或顾客在平台上的经营行为或消费行为（万兴和杨晶，2015）。产业平台需要确保平台成员致力于相互协作和资源整合，因此产业平台治理应关注平台本身及其成员的协调和管理活动，其治理要解决合作协调、知识共享和成员激励问题。

（二）影响产业平台治理的因素

1. 产业平台规模和结构

形成双边市场、发挥同边和跨边网络效应是产业平台构建的基本要素

（郑称德等，2016）。产业平台规模越大，平台资源存量也就越多，平台的网络效应和吸引力也越强。随着产业平台规模的扩大，平台网络成员数量不断增加，平台的管理、监督和控制也更加复杂，安排平台各方利益主体权利和责任也更困难。产业平台结构类型也影响平台治理，多层次、结构复杂的平台，成员关系也较复杂，更易出现利益纠葛，从而增加平台治理的难度（赵先德等，2016）。

2. 产业平台网络主体异质性程度

网络主体异质性指产业平台网络中各成员属性特征的差异程度，是成员多样性和资源多样性的表现。产业平台网络参与主体具有多样性，不仅包括平台龙头企业、参与企业、配套服务企业，还可能包括政府、行业协会、高校或科研机构等。不同的参与主体在利益诉求、知识背景、行为方式等特征上存在一定的差异，这种异质性既能给产业平台提供更多的创新资源和更多的创新要素组合，也会增加产业平台治理的复杂性（Bengtsson，2004）。产业平台网络主体异质性程度越高，平台获得有价值的知识和资源的渠道越多，平台的效用就越高。当然，产业平台成员差异程度越高、类型越多，相应的管理工作就越复杂。

3. 信任程度

信任是平台成员间关系程度的重要组成部分。信任是一种心理状态，指产业平台各主体认为对方不会利用自己的脆弱性作出损人利己的事情，也就是说交易各方彼此信任，不会通过损害其他方的利益如采取机会主义行为等来使自身利益最大化。产业平台成员之间信任程度高，有利于降低机会主义的发生，成员之间比较容易建立友好的长期伙伴关系，有利于平台治理（李永锋和司春林，2007）。产业平台成员之间的关系质量取决于信任程度，信任程度越高，相互之间的关系也就越好，沟通程度也越高，这样可以减少产业平台中各主体在资源交换中的搭便车行为，也更有利于主体之间通过相互协调的方式来解决出现的问题和障碍。

4. 外部环境因素

外部环境主要包括政治环境、社会环境、技术环境和经济环境。产业平台治理要与环境因素的动态变化相匹配，特定的文化、经营环境和法律政策等对产业平台治理都有一定的影响。蒂瓦纳等（Tiwana et al.，2010）从卖方的多平台栖息成本、技术和互补者等方面分析环境因素对平台治理的影响。库苏马诺（Cusumano，2010）则对以技术为主的环境变动与产业平台治理间的关系进行了详细的论述。技术进步推动了产业平台的快速发展，提升了产业平台提供服务的方式和质量，改变了产业平台的定价策略和平台监管方式（王勇和戎珂，2018）。

（三）产业平台治理模式

相比于传统治理模式单一、静态的特征，产业平台治理受到平台外部环境和主客观条件变化的影响，治理模式类型多样，更加复杂和多元化。通过对国内外相关文献梳理，产业平台治理模式主要有以下分类。

1. 根据治理主体是否属于平台成员，产业平台的治理模式可以分为内部治理模式和外部治理模式

内部治理是产业平台内部成员共同参与平台治理，平台治理的实施者既是平台的经营者，也是平台的受益者（陈波，2012）。外部治理模式是指来自产业平台外部主体对平台进行约束，平台成员不直接运行和管理，而是由平台以外的机构代表各成员利益并且对平台活动进行运营和管理。在外部治理模式下，平台的组织和协调工作都高度集中于内部之外的第三方机构。有些产业平台作为经济新业态和市场新生事物，在成长初期没有成熟的治理模式可供借鉴，而平台又需要规范和平稳运营，有必要引入有影响的外部力量进行平台治理，如通过政府、行业协会、产业联盟参与治理。政府常常作为最大的外部治理主体发挥作用，为产业平台提供制度保障，利用法律法规保证经济的平稳运行，制定交易规则来规范平台成员的行为，为产业平台的高效运行提供一个稳定的外部环境。由于机会主义的存在，产业平台治理必不可少，而以内部治理为主、外部治理为辅的多主体共同参与的平台治理模式已经成为平台治理的主流模式（岳晓明，2016）。

2. 根据平台各方的主导作用，产业平台的治理模式可分为政府主导型、企业主导型和混合型治理模式

政府主导型模式是指政府出资建设和运营产业平台，并且由政府负责平台的日常管理。这类产业平台主要执行政策功能和提供公共服务，提供的服务为社会各类成员享有或者在服务内容、收费等标准上无差别地对待。企业主导型是指一家或者多家企业共同投资，并以企业法人身份负责管理该产业平台。企业主导型治理模式机制灵活，对市场需求有较高的敏感度。混合型指由政府出资组建产业平台，然后依托相关企业运营或者企业向政府、科研机构等投资建设平台，此模式下可能存在由于投资主体和管理主体不一致产生的委托代理问题（龚丽敏等，2012）。在此基础上，费钟琳等（2017）基于公司治理理论的两权分离思想，从出资主体和运营主体两个维度将产业创新平台的治理模式分为公共型、私有型、混合型和网络型。

3. 根据治理方式的正式程度，产业平台治理模式可分为契约型和关系型治理模式

契约可以作为一种机制来监督控制交易双方的行为，其规定了产业平台各方应该履行的义务以及相关违约惩罚措施（Poppo and Zenger，2002）。契约越详细，越能明确各方主体的角色责任，从而越能对各成员进行约束。但是契约的签订与执行也会带来高成本等问题。另外，契约的存在也会使产业平台各方之间的信任程度降低，减少相互之间的信息交流和共享。由于各方都在维护自己的利益，契约治理可能就会不欢而散，而有效的关系治理可维持产业平台价值共创连续性（Ping et al.，2012）。关系治理是指在不确定的环境下，产业平台通过围绕各参与方的共同利益发展相互之间的关系网络，使彼此相互依赖，受到人际关系和情感的约束（池毛毛等，2017）。关系治理赋予了产业平台更多柔性，增加了平台适应性，有利于开展一系列的交易活动。项晓娟（2015）认为关系治理不仅是一种管理措施，同时也是一种交易方式，具有互惠互利的特征，是一种非正式的治理手段。

三、产业平台价值共创理论

（一）价值共创

迈克尔·波特（1997）认为，企业竞争优势的来源是比竞争对手提供更大的顾客价值，顾客价值创造应成为企业发展和竞争制胜的重要途径。顾客价值理论倍受关注并不断发展，成为理论研究的热点（胡旺盛，2006）。在传统经济环境和经济组织中，企业是顾客价值创造活动的主体。普拉哈拉德和拉马斯瓦米（Prahalad and Ramaswamy，2004）认为，传统的产品生产企业是在没有顾客交互的情况下进行价值创造的，而随着顾客参与生产活动的增多，现在许多企业是在与顾客的交互中进行价值创造。随着服务经济的发展，在服务主导逻辑经济环境中，企业吸引顾客参与价值共创是企业创新和竞争之道（牛振邦等，2015）。

价值共创是指企业与其顾客、合作伙伴共同进行的互利共赢及创新活动（Vargoet et al.，2008；Bhalla，2010）。现有价值共创研究主要集中于企业和顾客共同参与的价值创造（Galvagno and Dalli，2014），而价值共创不仅限于企业和客户之间，不同利益相关者均会参与价值共创的演化（胡海波和卢海涛，2018）。价值共创理论把价值创造看作是一个连续过程，在这个过程中生产者、顾客和其他参与主体一起进行价值创造。

由于平台经济、共享经济的快速发展，各种平台型市场组织形式大量涌现，顾客价值共创活动呈现新的特点。平台型市场组织是一个多主体共生的商业生态系统，其顾客价值共创既有顾客参与的价值共创，也有平台不同主体合作参与的价值共创。赵先德等（2016）认为，平台龙头企业（管理方）、产品和服务提供方、配套和关联服务支持方共同参与顾客价值创造过程。在顾客价值创造过程中，产业平台多主体要根据在价值网络中的角色，通过共同设计、共同开发、共同分配等方式进行资源整合（周文辉等，2019）。

（二）产业平台价值共创

共生关系下的产业平台价值共创活动是一个复杂的过程，其行为和绩效受诸多因素影响。古梅松和梅勒（Gummesson and Mele，2010）认为，价值共创是一个复杂的过程，产生共创意愿是这一复杂过程的起点，参与激励和参与机制影响价值共创活动绩效。契合理论认为，个人和组织之间的契合度影响个人态度、行为和组织绩效。如果个人与组织之间能够呈现出较高的契合度，例如，个体的价值观、目标、态度等与组织的文化、氛围、目标、规范等呈现出较高的相容性和一致性，个体就能够表现出较高的情境适应性，还会对该组织表现出较高水平的认同，从而对他们的工作态度和行为产生积极影响（Kristof，1996；Cable and DeRue，2002）。产业平台不同共生主体对平台发展的态度和价值主张、平台企业文化和氛围是否契合影响产业平台价值共创的意愿和行为。

同时，价值共创活动是共生主体的系统性行为。赫尔曼·哈肯（2005）认为，系统千差万别，但它们从无序向有序转变的机制是类似的，甚至是相同的，遵循共同的规律。当众多子系统构成的系统处于无序的初始状态时，各子系统独立运动，各行其是，不存在合作关系，不能形成序参量；当外部环境达到一定水平时，子系统之间就会产生协同作用。而当系统运行接近临界点时，子系统间产生关联，形成协同关系，促使序参量形成。这种协同作用能使系统在临界点发生质变产生协同效应，使系统从无序变为有序，从混沌中产生某种稳定结构。协同效应使各子系统之间能够按照某种规则自动形成一定的结构或功能，具有内在性和自生性特点（李柏洲和董媛媛，2009）。根据协同理论，产业平台运行环境达到一定水平时，平台内部各子系统间关联日益紧密，会遵循平台运行内在规律逐渐形成有序合作机制。通过在平台整体运行过程中的有效协调与合作，平台各系统稳定、有序地协同运作，所产生的协同合作的作用会超越每一个子系统自身的独立作用，形成协同效应，从而促使产业平台的价值共创整体效应的最大提升。

但在产业平台发展的不同阶段和不同时期，平台的目标、战略和价值创造的内容和形式也会因环境变化而发生调整，平台主体协同和价值共创行为也要进行优化和创新（冉龙和陈晓玲，2012）。赵先德等（2016）通过案例研究认为，平台管理方（平台企业）在平台搭建期的价值共创活动主要体现为通过连接和撮合平台两方或多方开展业务，打通渠道，实现各方交互触达性，更多地充当主导全局的角色；在平台稳定发展期，平台管理方（平台企业）的价值共创活动主要围绕基于参与者的多重角色制定合作机制及关系管理措施，以及匹配各方资源和需求，并依此选择/培养细分参与者群体，更多地扮演平台维护和监管角色。产业平台参与者在不同阶段随服务对象和服务流程的不同，在协同共创价值中拥有多重角色，他们既是顾客又是资源供应者。产业平台不同主体共享资源和能力，协同共创价值，形成价值共创网络（吴义爽和徐梦周，2011）。

第三节 外源性产业平台品牌形成机制

一、外源性产业平台品牌

(一) 品牌和品牌资产

品牌是一个能为产品或服务增加功能价值及附加价值的名称、符号、设计或标志 (Farquhar, 1989)。品牌对消费者来说不仅仅是一个商标或购买影响因素，而是一个复杂的实体，它创造和改变了消费者的感知、态度、信念和行为，使消费者萌生诸多情感 (Laforet, 2010)。安霍尔特 (Anholt, 2003) 认为，从消费者角度看，品牌是呈现产品或服务独特性和价值增加的重要方式。消费者不是和产品或服务形成关系，而是和品牌形成情感纽带。单纯的产品或服务容易模仿，但品牌很难模仿，它是企业最有价值的资产 (Aaker and Joachimsthaler, 2000)。

品牌理论认为，品牌态度是品牌资产形成的重要来源。品牌态度是消费者对于品牌的整体评价，其要素包括品牌知识与品牌情感。品牌态度的形成是消费者信息加工的过程，品牌和产品的属性与利益是品牌态度的基础 (Aaker, 1991)。基于顾客的品牌资产理论 (customer – based brand equity) 认为，品牌的价值及其资产源自消费者的行为，消费者最终决定哪些品牌比其他品牌提供的附加价值更多 (Keller, 1993)。凯勒 (Keller, 2003) 从消费者—品牌关系视角构建强势品牌发展的路径，强调从品牌认知到品牌情感的深化直到品牌共鸣。品牌形成过程也是消费者对品牌态度变化和情感深化的过程，消费者的品牌共鸣是品牌发展阶梯的顶点，体现出品牌的强度。

(二) 外源性产业平台品牌

产业平台品牌是一种企业品牌，其品牌形象由平台名称、标识等外部要素及平台企业文化、价值观、经营风格等内在要素构成。艾克 (Aaker, 1996) 认为，企业品牌比产品品牌更为复杂。产品品牌容易被模仿，企业品牌包含的品牌因素更多，特别是企业的价值观、文化、人员、规划、资产或技能使企业品牌差异化更突出，也使消费者的企业品牌联想更丰富。同时，企业品牌比产品品牌更抽象、更主观，它不像产品品牌具有鲜明的视觉形象和易于感知的产品属性，消费者对企业品牌联想的因素更加多元，企业的价值主张、文化、创新和社会责任意识更能体现出其品牌属性。

外源资本在一个地区建立产业平台开展经济活动，其平台名称和相应影响力就具有品牌特性。外源性产业平台品牌既区别于其他地方产业平台品牌，又能形成自身独特形象和声誉，通过传播产生更大的品牌影响力，建立起平台自身的品牌资产。

二、外源性产业平台品牌形成机制

(一) 品牌态度形成机制

凯勒 (Keller, 1993) 的基于顾客的品牌资产模型认为，品牌资产是由顾客既有品牌知识导致顾客对品牌营销活动的差别化反应。企业持续不断的经营行为和营销努力，让消费者累积关于该品牌的知识，这是品牌资产的关键。品牌知识包含两类要素：品牌知名度和品牌形象。前者表示消费者对品牌的认知、熟悉的程度，后者反映了消费者对品牌的态度。认知是态度的基础，也是态度的构成要素。从消费者导向的品牌资产理论可以看出，品牌形成过程也即基于消费者的品牌资产的创建过程，这个过程也是消费者对品牌态度的形成过程。

(二) 外源性产业平台品牌形成机制

外源性产业平台的经营者持续不断的营销努力，让消费者累积关于该平台品牌的知识，形成对平台的品牌态度，外源性产业平台品牌就具有影响力，品牌资产得以创建。外源性产业平台品牌的形成过程和外源性产业平台的经营及对消费者的影响密切相关。外源性产业平台的创建、运营、创造并传递顾客价值的行为和活动导致平台品牌的形成。

相关平台主体对平台品牌价值主张的认同是产业平台品牌创建的前提。艾克（Aaker，1996）的企业品牌创建模型认为，只有品牌价值主张独特并产生市场共鸣，才能建立品牌资产。外源性产业平台品牌价值主张先始于外源性龙头企业对市场机会的识别和价值发现，其价值主张得到相关产业企业认同而聚集形成平台，共同创造和传递价值，形成品牌影响力。

与企业品牌相比，外源性产业平台品牌形成中的主体作用有极大区别。企业品牌主体单一、清晰，而外源性产业平台品牌主体多元、复杂，难于控制（Trueman et al.，2004），参与主体复杂多样，外源龙头企业、平台参与企业、当地政府、甚至行业协会在产业平台品牌中都发挥建设者的作用，但外源龙头企业发挥核心作用。

外源龙头企业对外源性产业平台品牌形成的影响是多方面的。外源龙头企业品牌形象会直接影响消费者对外源性产业平台的品牌态度。由于外源性产业平台是由外源龙头企业主导进入异地成立的，在外源性产业平台品牌形成过程中，消费者的品牌态度首先会受到外源龙头企业品牌形象的影响，外源龙头企业品牌形象会投射到外源性产业平台品牌态度中。在联合品牌研究中，有学者认为消费者对联合品牌各方态度的成功转移是联合品牌成功的关键因素，如果消费者将各品牌的正面态度成功转到联合品牌中，那么消费者就会喜爱联合品牌（李晓英，2013）。与此类似，外源性产业平台品牌要成功建立，关键也要看各类消费者和公众是否对核心企业品牌和关联企业品牌认可，并将对它们的正面品牌态度转移到产业平台品牌上（汤筱晓和洪茹燕，2016）。

平台主体间的市场化运作和有效合作是平台品牌资产创造的基础。在开放的经济环境中，各主体的行为、资源具有外部效应，主体间的合作和协同能使平台更有效地整合资源，更好地发挥平台服务功能，创造出更大的品牌价值（董维刚等，2013）。陈威如和余卓轩（2013）认为，平台品牌的精髓在于运用市场化而非行政化打造一个多主体共赢互利的生态圈，要让栖息在生态圈中的多数成员获得利益，平台才能稳定，品牌才能壮大。张豪等（2014）认为，产业平台品牌的形成较企业品牌更加复杂，是一项系统工程：宏观层面要求认同平台价值和搭建起平台支撑系统，形成一定的规模和网络；微观层面要求各主体相互作用，以产生协同效应，通过专业化分工和协作结成本地化网络，相互竞争与合作，相互协作与补充，共创与共享价值，共同推动平台品牌的形成。

　　根据协同理论，平台品牌主体协同是系统自组织的过程，这种自组织并不是杂乱无序的，而受关键主导因素影响。关键主导因素产生协同驱动力，相关主体协同，共同推动平台品牌形成。孙丽辉等（2010）认为，在产业聚集和区域品牌形成过程中，政府的引导和服务起积极调节作用，外源性龙头企业也在心理层面增强其他相关企业加入平台的信心，也是平台价值认同和合作的内在基础。平台企业在价值共创中累积声誉来进一步吸引和积聚用户资源，形成竞争优势和提升品牌资产（Edelman，2015）。

　　赵先德等（2016）认为，平台龙头企业在协同共创平台品牌价值过程中的角色会不断演化，随着发展，平台龙头企业会由市场台前活动的主导者退居为幕后支持角色。在外源性产业平台品牌形成的第一阶段，外源龙头企业利用自己的实力和品牌声誉发挥号召和引领作用，搭建平台；在第二阶段，外源龙头企业和关联企业价值共创，关联企业利用平台的协作优势、成本优势和网络优势，共同发挥价值创造者作用；在第三阶段，外源龙头企业主要起平台生态系统维护和扮演价值支持者的角色，平台品牌资产主要由平台所有企业提供的产品和服务以及由此而形成的市场对平台品牌认知、联想和忠诚所构成。在外源性产业平台品牌形成过程中，外源性产业平台各方主体共同合作，通过持续不断的营销努力，让消费者累积关于平台品牌的知识，形成稳定的平台品牌态度，外源性产业平台品牌资产得以创建。

第三章

外源性产业平台形成的驱动因素研究

本章主要运用区域经济和平台经济理论框架，选择外源性产业平台典型企业为研究对象，通过深度访谈获取第一手资料，运用扎根理论的方法进行分析，提炼外源性产业平台形成的驱动因素，探索驱动外源性产业平台形成的作用过程，为后续的外源性产业平台品牌形成的研究奠定基础。

第一节　文献回顾

一、文献回顾

（一）产业平台内涵

平台概念最早由美国学者惠尔赖特和克拉克（Wheelwright and Clark，1992）用于企业管理领域，后被引入产业经济学后获得快速发展（钱平凡等，2014）。由于研究领域和研究视角的不同，学者对平台的定义也不一样。罗切特和泰洛尔（Rochet and Tirole，2003）从产业经济学视角认为平台是两个或更多方提供交易中介的产品、服务、公司或组织。徐晋和张祥建（2006）认为，平台是一种促进多方进行交易的虚拟的或现实的场所。罗切特和泰洛尔（2006）认为，平台可以作为不同用户群之间的接口，并促进价值创造交换。与传统的生产经营模式——独家经营和合作经营相比，平台经营模式有着降低交易成本、提高交易效率和降低市场风险的能力。苏亚雷斯和柯特利（Suarez and Kirtley，2012）认为，平台是一种很好的系统，它提供了一种技术体系结构，允许不同类型的用户和互补的业务伙伴连接并受益于平台的基本功能。

平台的发展是动态的，随着产品互补性、功能多样性和兼容性的提高，平台的形式和相应的概念也随之发生了改变（张小宁和赵剑波，2015）。王磊等（2017）认为平台沿着知识平台、产品平台、供应链平台和产业平台逐步演化，产业平台是平台模式发展的趋势。

李必强和郭岭（2005）认为产业平台是开放性的共享系统，该系统可以为产业的生产经营活动提供一定的功能性服务。从功能性而言，产业平台是为相关产业的经济活动搭建的载体，以吸引各类市场主体聚集并方便其生产、经营、交易和消费。产业平台由一个或多个企业提供产品、服务或技术，关联企业通过它生产自己的互补品、技术和服务，并从中受益，从而形成的商业生态系统（田洪刚，2015）。产业平台主体方不仅提供商业生态系统的核心功能，而且确定生态系统中各方互动的规则。扮演产业平台主体方角色的企业可以凭借技术、信息和契约工具等对其他企业进入该生态系统以及其他行为进行管制。

（二）产业平台作用与类型

产业平台作为市场资源整合和商业模式创新的新经济形态，近年来快速兴起，被认为是在经济和商业形态上有强烈带动性、持续性和引导性的产业组织形式（孟祥霞，2016）。产业平台是一个开放的系统，具有集聚供求信息、提供配套服务和整合相关资源的作用，能为多方提供有价值的服务。产业平台可以提高产业生产经营活动的效率，甚至可以在推动产业创新、促进产业融合、变革消费方式等方面发挥作用（赵先德等，2016）。平台型企业具有开放、整合、互动、共创、分享、溢出价值的特点（谢佩洪等，2017）。产业平台有着集聚性、融合性、创新性、开放性和高效性的作用，能够全面整合产业链、融合价值链、提高市场配置资源效率。

对于平台类型的分类，学者们从不同的角度进行了相应的划分。埃文斯（Evans，2003）基于双边市场把平台企业分为市场制造型、受众制造型和需求协调型。徐晋和张祥建（2006）认为根据搭建平台载体的不同可以将其分为实体型的产业平台和虚拟型的产业平台。潘宪生（2015）在对江苏平台经济实践的研究中，将产业平台依据商业模式的不同分类为大商圈型、大物流型、大流通型、大企业型、大市场型和大品牌型。

（三）产业平台的形成

对于产业平台的形成，现有文献主要从平台构建主体和平台构建方式方面进行探讨。李必强和郭岭（2005）认为商业性的产业平台是由企业从商业目的出发构建，而非商业性的产业平台主要由政府或非盈利机构设立。产业平台可以是政府或企业出于某种目的直接出资新建设立形成，也可以是将企业已有的业务系统进行平台化改造改建而成。产业平台不论是以何种形式构建产生，实现产业需求和提高业务经营效率是产业平台经营模式产生的内在要求。

由于产业平台形成原因及驱动因素研究方面的文献缺乏，根据区域经济和产业经济研究产业集群形成机理方面发现，内生性和外源性产业集群形成的驱动因素不同。江青虎等（2011）认为通过政府政策、区域资源环境等区位优势，可以吸引外源龙头企业选择在某地投资，其配套企业网络也跟随进入，从而形成相关产业聚集。

二、文献述评

通过文献梳理发现，当前有关产业平台的研究主要集中在平台内涵和特征、平台作用和类型以及平台定价和平台竞争等方面，对于平台形成的驱动因素的研究很少。

通过对相应的文献的回顾发现，学者们对于产业平台有着不同的划分角度，其主要原因在于研究视角的不同。根据建立产业平台的资本来源划分，可将产业平台分为内源性产业平台和外源性产业平台。前者是依靠当地资源或历史文化背景，由本土企业自发形成或在当地政府强力推动下形成；后者是外源性资本、技术、品牌等关键资源进入当地并主导形成的产业平台。由于当地资本和企业实力的局限,引入外源性资本建立产业平台能更好地推动本地经济发展。外源性资本(外源龙头企业)进入一地,建立起作为产业经营活动载体的、具体化形态的市场组织,具备功能性、开放性和通用性特征,即称为外源性产业平台。

外源性产业平台具有相应的产业功能,其形成仍然受到驱动产业形成的一般因素的影响,但是外源性产业平台又有其特殊性,它是由外地龙头企业主导、多主体参加共同搭建完成的,主体之间的相互作用会影响平台的形成。在外源性产业平台形成过程中,外源性龙头企业是发挥主导作用的核心力量。吸引外地龙头企业投资建立为相关产业服务的平台系统和吸引平台关联方入驻是外源性产业平台形成的两个关键环节。不过,驱动外源性产业平台形成因素及作用机理尚不清晰。本书选择外源性产业平台企业为研究对象,运用扎根理论的研究方法,主要围绕影响外源性产业平台形成因素进行探索性研究,探索外源性产业平台形成的驱动因素和作用过程。

第二节　研究方法与案例选取

一、研究方法

研究拟采用扎根理论的方法,是因为量化研究方法只能从逻辑上验证基于已有理论提出的假设,不适宜运用于现有理论不充足的外源性产业平台驱动因素的研究,而扎根理论研究方法是一种可以对不充足理论进行扩充的质性研究方法。鉴于现有理论对外源性产业平台驱动因素的解释不充分,运用扎根理论方法对其进行研究是一种较好的方式。扎根理论是一种由外向内、自下而上的质性研究方法,主要通过对具有代表性的资料进行分析整理,不断将资料浓缩,从而形成理论(陈向明,1999),通过开放式编码、主轴性编码、选择性编码形成概念和范畴,探究范畴之间的逻辑关系,最终形成理论模型。扎根理论的具体流程如图 3 – 1 所示。

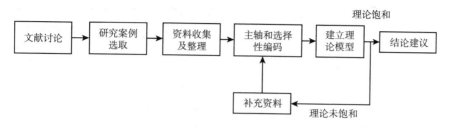

图 3 - 1　扎根理论流程

二、案例选取①

(一) 案例简介

本书研究所选取的是安徽上谷农产品交易商贸综合服务平台,它由安徽上谷农产品物流园有限公司运营和管理。安徽上谷农产品物流园有限公司由深圳市上谷投资有限公司控股成立,注册资金 1 亿元人民币,主营业务为农产品批发市场的投资、建设与运营。深圳市上谷投资有限公司为香港上谷集团在内地成立的私募股权投资平台,现重点投资国内农产品流通领域,并确立了以开发建设、整合收购农产品批发市场为目标。经过多年发展,成为国内农产品商贸领域龙头企业。根据上谷集团的发展战略规划,深圳市上谷投资有限公司在吉林、安徽、广东、江西等省均投资建立农产品商贸综合服务平台,打造“上谷”农产品批发市场行业品牌。

安徽上谷农产品交易商贸综合服务平台项目占地面积 345 亩,总建筑面积 30 万平方米。园区设有蔬菜、水果、水产品、粮油、干货调味品、副食品、冷冻食品、土特产食品、茶叶、农资十大经营业态,集农产品交易、检测认证、加工、仓储、冷链、配送、检测等基本功能及信息发布、电子结算、展销展览、信息服务、产销对接、金融配套、商贸购物、电商服务、质量追溯等特色功能于一体的一站式现代化产地型农产品交易商贸综合服务平台,致力打造皖北最具现代化的跨区域性产地型农产品批发市场。项目现已招商。

---

① 案例企业资料和数据来自对企业高管人员的访谈、企业官方网站、内部刊物和对外宣传手册等。

安徽上谷农产品交易商贸综合服务平台于 2014 年开始投资建设，2016 年 2 月开始对外招商。第一期已开始营业，业态包含蔬菜、水果、粮油干调、农资及其配套，有 800 余户经营户及 80 多家合作社入驻。第二期业态包括水产、副食土特产，配套建设完毕，招商工作正在准备中。

（二）访谈提纲设计

访谈提纲包括两部分：一部分是访谈说明，包括介绍访谈目的，解释相关概念，让受访对象对访谈主题和一些学术名词有明确了解和直观的认识，能较好地进入访谈环境，保证访谈质量；另一部分是开放性问题，围绕该外源性产业平台创建动机、决策过程和运营情况等内容，引导受访对象通过发散性思维进行交流，获得关于外源性产业平台形成的第一手资料。访谈提纲主体问题如下。

（1）请介绍产业平台现在基本情况。

（2）外源龙头企业被吸引到蚌埠怀远县建立平台的因素有哪些？决策时考虑哪些因素？

（3）当地政府的经济社会发展战略和产业政策有无影响？有何影响？

（4）外源龙头企业对平台运营有没有信心？靠什么吸引配套企业和商户？其中哪些因素比较重要？

（5）外源龙头企业在吸引配套企业和商户方面，采取了哪些措施？

（6）外源龙头企业对平台如何运营和管理？平台运营机制如合作、激励、冲突如何解决？

（7）对于平台品牌的宣传推广，平台投资方做了哪些事？配套企业和商户做了哪些事？

（8）你认为地方政府在平台建立和运营中是否发挥了作用？具体发挥了什么样的作用？

（9）外源龙头企业的企业品牌和社会影响力在平台形成、影响政府和商户中是否发挥了作用？

第三节　研究过程

一、数据收集

案例分析数据的一般来源可分为一手资料的获取和二手资料的获取。如果只是片面地应用一方面的资料进行研究，那么研究成果的可信度将会大大减弱。因此，本着可靠性的原则，本书研究的数据将会通过一手资料和二手资料两个方面同时获取。首先，课题组成员于 2018 年 4 月至 2019 年 5 月 3 次到企业实地调研，与怀远上谷农产品交易商贸综合服务平台副总经理、投资总监和运营总监等高管人员深度访谈，了解该平台建立和运营的情况。同时，也通过企业官方网站、内部刊物和对外宣传手册等方式收集二手资料。主要通过正式的半结构化访谈、参与者观察、整理档案资料这三种方法收集数据，对不同来源的数据交叉验证，运用数据的三角验证保证数据质量。

二、信效度保证

课题组采取四种策略确保数据的信效度：一是采用多元数据来源，整合访谈、参与观察和整理档案资料所获得的数据进行交互补充和交叉验证；二是让三位熟悉案例研究方法的研究生对数据分别进行编码，对不一致的地方进行讨论；三是在案例分析前广泛收集和阅读文献，总结相关理论构念，审视其和案例数据是否匹配；四是建立案例研究数据资料库，包括访谈录音和记录、参与观察记录、档案资料记录等，提升信度。

三、内容编码

（一）开放式编码

开放式编码是对收集到的原始收集到的数据进行逐词逐句的分析，最终对相应的数据进行概念化和范畴化。本书通过多次的整理分析，形成相应概念和范畴。节选部分开放式编码形成的范畴如表 3-1 所示。

表 3-1 开放式编码形成的范畴（部分）

访谈记录中的原始代表性语句	概念化	范畴化
在外地选做农产品商贸平台，首选要考虑销售地区人口，人口规模要较大	人口条件	区位环境优势
皖北蚌埠交通便利、经济发展好	地理位置、经济条件	区位环境优势
选择到蚌埠市怀远县，主要考虑怀远县的蔬菜的产量非常大	农产品供应能力	市场环境优势
政府修建道路并调整公交线路的设置，方便商户和顾客交通，节省时间和交通费用	基础设施	基建环境优势
政府也一起思考在这个地方做一个市场，把怀远的农产品集中到这个地方，然后再对外宣传，扩大销售渠道，做农产品商贸平台，这是最初我们跟政府达成的想法，所以才有了这个市场	政府经济设想	政府规划
（蚌埠市）淮上区政府有一个发展战略，就是要打造一个商贸物流区域。这和我们的业务吻合	政府商贸物流战略规划	政府规划
政府把那个大明沟的水果市场整体关掉，把大的商户全引入这个市场里面来	政府行政措施支持	政策措施
当时给的各式各样的补贴非常多，具体数字我不方便说，还包括冷库、地下停车场等，有非常多的补贴	政府补贴措施支持	政策措施
这是个农业大县，它需要个批发市场，商家都举双手赞成	市场需求	市场环境优势
我们跟他们（商户）谈进场的问题，他们主要考虑成本和收益	商户经营成本和收益	成本收益
他们（商户）开门营业，其实都有补贴……市场开始运营一定是靠给商户补贴慢慢去兴起来	平台对商户运营补贴	成本收益
我们是正规平台，可合法经营农资，我们就利用这方面做工作，跟政府引导他们（商户），得到信任	平台规范合法	信任
我们来打的是香港企业集团旗号，我们做海吉星很成功的案例也有作用	企业实力	信任
商户跟进来，肯定跟对我们这样大企业的信任有关	平台企业实力	信任

续表

访谈记录中的原始代表性语句	概念化	范畴化
大棚也是免费给他们使用的,刮风下雨时,别的地方交易不方便,这个地方又有灯、又有棚,方便他们业务交易,不需要在野地里面交易	平台的资源提供	资源获取
上谷集团可以利用现在所有的网络帮你(商户)销售、宣传	平台帮助商户宣传和推广	平台协助
我们有自己的物业公司,我们有自己的商管团队	平台管理	管理服务
提供质量认证、安全认证,建立电商渠道,帮他(商户)建立线上渠道,成立经纪人协会,包括我们海吉星与其他城市的这种战略合作	平台配套服务	配套服务
还要做增值服务,包括分拣、冷库、质检、临时仓储、提供包装材料等	平台增值服务	增值服务
平台最终建立还要靠商品和服务品质得到消费者认可	商品和服务品质	顾客价值

(二) 主轴性编码

主轴性编码是在开放式编码的基础上更近一步地编码,对在开放性编码中得到的范畴进行分解、分析和联结,分析不同范畴之间的关系,进而发展出主范畴。根据各个不同范畴之间的关系,归纳出 7 个核心范畴,具体如表 3 - 2 所示。

表 3 - 2　　　　　　　　　　主轴编码形成的主范畴

主范畴	对应范畴
资源环境	地理区位、产品资源、人文环境、基础设施
市场环境	市场需求、市场潜力、投融资环境、营商环境
政府规制环境	政府规划、制度环境、政策措施、政府信任
平台价值认知	平台愿景认知、平台收益认知、平台资源认知、平台服务认知
企业信任	承诺、商户认同、平台实力
服务支持	管理服务、配套服务、增值服务
顾客价值	商品质量和服务感知

(三) 选择性编码

选择性编码是从主范畴中挖掘出核心范畴,分析核心范畴与主范畴及其他范畴的联结关系的过程。经过对范畴的继续考察和对范畴关系的不断思考,结合原始资料,最终产生"外源性产业平台形成的驱动因素"这一核心范畴。外源性产业平台形成的理论模型如图3-2所示。

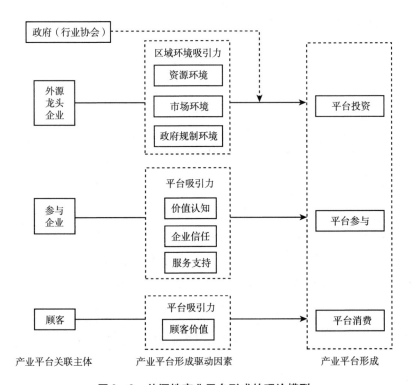

图3-2 外源性产业平台形成的理论模型

(四) 理论饱和度检验

为了使研究具有信度,本书进行了理论饱和度检验。理论饱和度指对文本资料的分析不再产生新的概念和范畴、不再产生新的理论时,即可认为趋于饱和。本书用检验案例进行理论饱和度检验,结果显示,上述模型的范畴较为完善,没有发现新的范畴形成,说明理论饱和性较好。

第四节　研究结果分析

一、外源性产业平台形成的驱动因素分析

通过扎根理论研究得出驱动外源性产业平台形成的因素涉及 7 个核心范畴，但 7 个核心范畴的作用机制并不完全相同，其中资源环境、市场环境和政府规制环境属于区域环境吸引力因素，平台价值认知、品牌信任、服务支持和顾客价值属于平台吸引力因素。

（一）区域环境吸引力因素

1. 资源环境

资源环境主要是指影响产业平台发展的最基础的必要资源，包括自然资源、人文资源和基础设施等。就农产品商贸平台而言，外源龙头大企业更加看重区域的自然资源，如地理位置、资源禀赋。如果该区域拥有良好的交通区位、丰富的产品资源、便利的交通和较低的运输成本，无疑会大大增加投资吸引力。区域内良好的人口环境、丰富的人力资源和亲商、诚信的社会文化也是吸引产业平台的重要基本条件。在访谈中，访谈对象认为区位环境是他们在地方进行投资时首要考虑的因素之一。如果一个区域地理位置、人口、经济发展条件等都存在不足，那么在该区域吸引相关企业进行投资的概率是极低的。另外，基础设施对产业平台的发展起着重要的助力作用。基础设施因素主要包括交通、通信、水电设施等。基础设施是企业赖以生存发展的重要，完善的基础设施是平台运营的基本保障。访谈对象认为投资所在地有着完善的交通、通信和其他基础设施，能为其交易提供便利，是促使其在该地进行投资的一个重要资源因素。因此，区域资源环境是吸引外源性龙头企业投资建立产业平台的重要外部因素之一。

2. 市场环境

市场环境是驱动外源性产业平台形成的重要外部动力之一，主要包括市场

需求、市场潜力、投融资环境和营商环境等。市场需求和市场潜力是影响投资项目的决定因素。在访谈中,访谈对象提到,他们在选择地区投资建立产业平台时会重点考虑该地区的市场潜力,因为只有充分的需求和大量的交易发生才能发挥出平台的规模优势,如果前期调研发现一个地区的市场需求有限,则意味着难有获利空间,那他们会放弃这个地区。投融资环境包括资金环境和信用环境,它影响平台的资金及金融配套服务。好的投融资环境能为平台经营提供有力的金融保障,它不仅使平台容易获得资金的支持,还会降低交易费用和信用风险。营商环境也是影响外源资本平台投资的因素。良好的市场环境是产业平台发展壮大的基础,也是外源性资本投资获利的根本保证。因此,外源性资本会着眼于自身的发展,选择合适的市场环境,为自己找到最有利的生存和成长空间,市场环境成为其选择地区进行投资的重要外部动力因素。

3. 政府规制环境

地方政府的法律法规、产业政策、投资政策、财税政策等规制环境在吸引相关产业投资的过程中发挥重要作用,主要有三个方面:一是政府规划;二是政策制度和措施;三是政府信任。在对上谷平台扎根理论研究的过程中发现,在平台运营初期,政府通过财政投入和补贴等直接资金支持,形成了推动平台的有效运营和关联企业搭建平台的重要动力。政府的信任使得平台企业能够大展拳脚,不需要顾虑政策的朝令夕改等问题。另外,平台企业在选择地区进行投资时,政府的规划与其企业发展方向的契合度也极大地影响着其投资决策。

(二) 平台吸引力因素

1. 平台价值认知

平台价值认知是指拟加入平台的关联企业了解并认同平台投资方的平台价值主张所展现的业务及独特的顾客需求解决方案,充分认识平台的利益和价值。平台价值认知包括平台愿景认知、平台收益认知、平台资源认知、平台服务认知。

外源性龙头企业的平台经营理念和业务模式能更好地满足顾客需求,平台具有的聚集效应和网络效应会带来更多的顾客、更丰富的资源和更便利的交易，这些会有利于平台参与企业的经营。外源性产业平台能够为其参与者提供资源获取和平台协助方面的帮助，在此基础上降低参与者的成本，增加其收益。在资源获取方面，外源性产业平台聚集了众多资源，包括各类生产经营要素资源，如上谷农产品商贸平台能够在天气恶劣的情况下提供交易场所，使其平台参与者的交易能够正常进行。同时，在平台运营方的协助下，产业平台能够为参与者进行宣传、推广和提供销售渠道等，这样一方面降低了参与者的成本，另一方面还提高了其生产经营的效率。因此，在价值认同、资源便利和平台协助的诱因下，关联企业被吸引加入平台生态圈。

2. 企业信任

外源性龙头企业的品牌声誉是关联企业是否加入其平台生态圈的一个重要的影响因素。外源性龙头企业发展壮大和成功经营所累积的品牌声誉和社会形象对平台参与企业而言是一颗定心丸，会增强参与企业的信心，吸引参与企业的集聚。参与企业对外源性龙头企业的信任不仅会增加他们对平台成功运营的信心，也会积极影响企业间的关系和有利于彼此合作。香港上谷集团在内地投资建立商贸产业平台的成功具有很大的品牌效应，对安徽怀远上谷平台的参与企业有着强大的吸引力。上谷平台生态圈的参与企业认为与具有强大社会知名度的平台企业建立伙伴关系，不仅能够提高客户对其的信任度和认知度，而且能够帮助其与相应的竞争者进行区分，进而使其获得竞争优势。在产业平台的形成过程中，龙头平台企业的雄厚实力和品牌知名度能够起到辐射和带动的作用，吸引关联企业加入，快速促进平台的形成。

3. 服务支持

外源性产业平台内部的服务支持包括管理服务和相应的配套服务等方面的支持。平台内部有效的管理机制使得平台内部的参与者之间能够进行良性的竞争与高效的合作，使得平台能稳健运营。上谷农产品商贸平台内部有着专门的管理团队，负责平台日常的业务运营，协调处理平台各主体经营中的问题，也负责维护平台秩序、配合处理平台内部参与者之间的矛盾以及平台关联企业与消费者之间的纠纷，保证平台的正常运行，保护关联企业和消费者的利益。另外，由平台提供的一系列配套服务如为平台生态圈中的参与者提供技术支持、网络服务、物流服务、促销支持等，有助于降低各关联企业的经营成本和提升其经营效率。平台的管理服务和配套服务既为关联企业提供经营方便，也为需要的企业及时提供力量支持。因此，平台有力的服务支持是吸引相关各方加入平台的重要因素。

4. 顾客价值

产业平台是为顾客服务的，没有消费者的积极交易，平台就是无源之水，不能最终形成。而驱动消费者到平台进行购物和消费的关键因素是顾客价值，即顾客对平台商品和服务的价值感知。平台如果不能给顾客提供好的消费体验，顾客不能获得更好的感知价值，顾客就缺乏平台交易和消费的兴趣和意愿，平台也难以生存。

二、外源性产业平台形成的驱动因素的作用机理

市场环境、资源环境和政府作用是吸引外源性龙头企业投资和建设产业平台的主要驱动因素。寻求商机和获得利润是外源性资本方的内在动力，产业平台的形成从根本上应是市场驱动而不应是行政驱动的结果。外源性龙头企业依据自身发展战略寻求产业投资机会，当某地的资源禀赋和市场条件适合，外源性龙头企业就会进一步深入了解和进行投资研究，了解当地政府的产业政策和发展战略。如果双方的发展战略匹配，也即外源性龙头企业投资和经营的产业符合当地产业发展方向，则意味外源性产业平台落户有着良好的政策环境，这也会给外源性龙头企业极大的投资信心。

平台价值认知、外源龙头企业方品牌信任和平台服务支持是驱动平台关联企业加入的重要因素。产业平台只有聚集众多关联方才能发挥出相应的功能。就商贸服务类产业平台而言，产品和服务的提供方、服务支持方要先于顾客方大量入驻，供应方大量聚集带动需求方大量聚集，才能产生规模效应和网络效应。大量卖方商户入驻平台是产业平台形成的关键条件。外源性龙头企业的平台价值主张所展现的业务及独特的顾客需求解决方案得到商户的认可，商户认同平台的核心价值、经营理念和运作方式，加上外源性龙头企业强大的企业实力和良好的品牌声誉作为背书，以及平台体现的优良服务环境，这样

就会给商户等产品和服务的提供方入驻平台和未来业务发展提供足够信心，吸引他们积极加入，并带动服务支持方的关联企业积极入驻，使产业平台搭建成功。

因此，外源性产业平台形成的驱动因素的作用机理是先由外源性资本的市场机会寻求和识别驱动，在合适的市场环境和政府规制环境的支持下，外源性龙头企业的品牌信任、平台价值主张和服务支持驱动产品和服务的提供方和支持方积极加入，以及消费者基于平台的价值感知而产生的消费意愿持续增强，外源性龙头企业、当地政府、产品和服务的提供方、服务支持方和消费者等多主体共同作用而形成的。其中，外源性龙头企业和当地政府是产业平台建立的重要影响者和产业平台成功运营的重大受益方，他们应为产业平台的建立发挥更大的作用。

外源性产业平台关联方在平台形成的不同阶段发挥的作用有所不同。外源性龙头企业在产业平台初建阶段主要承担平台投资建设、平台运营设计和平台招商，在平台运营阶段负责平台运营管理和平台治理、监控；政府（行业协会）在外源性产业平台形成中发挥独特的作用，在平台初建期提供政策支持，在平台运营阶段参与平台治理，为平台建设和发展营造良好的规制环境；产品和服务的提供方、配套支持方等产业平台参与方参与产品和服务提供，开展分工协作，共同进行价值创造和为顾客服务；顾客的作用体现为在平台建成前预期平台的价值以及在平台运营时参与平台消费和评价，对平台发展和平台声誉有重要影响。外源性产业平台关联方在平台形成的不同阶段的作用如表3－3所示。

表3－3　　　　外源性产业平台关联方在平台形成过程中的作用

平台阶段	平台关联方			
	外源性龙头企业	政府（行业协会）	平台参与方	顾客
平台初建阶段	投资建设、设计运营、平台招商	政策支持	参与产品和服务提供	顾客价值预期
平台运营阶段	平台运营和治理	参与治理	合作、价值创造	消费、顾客价值评价

第五节　研究结论与启示

一、研究结论

外源性产业平台的形成不是自发的，它是平台各利益相关方基于自身需求和发展需要，在对平台价值认可中共同作用而形成的产业经营生态圈。作为外源性产业平台，外源性龙头企业、当地政府、关联企业和顾客是平台形成的重要影响力量，在特定环境下，它们在利益上形成共识、在行动中有效合作，驱动产业平台的形成。其中，市场环境、资源环境和政府作用是吸引外源性龙头企业投资和建设产业平台的主要驱动因素，平台价值认知、外源性龙头企业品牌信任和平台服务支持是驱动平台关联企业加入的重要因素。在外源性资本寻求和识别市场机会的内因驱动下，加上合适的市场环境和政府规制环境的支持，外源性龙头企业的品牌信任、平台价值主张和服务支持驱动产品和服务的提供方和支持方积极加入，以及消费者基于平台的价值感知而产生的消费意愿持续增强，外源性龙头企业、当地政府、产品和服务的提供方、服务支持方和消费者等多主体共同作用而形成外源性产业平台。

二、启示

当前我国正处于经济发展的新阶段，促进产业升级与转型是当前许多地方政府面临的现实问题。在经济新常态的背景下，地方政府更加注重产业结构的调整和经济发展质量的提升。由于依靠和利用当地传统优势资源进行产业升级与转型的能力越来越有限，一些地方政府更关注通过引入外源性资本推动当地产业升级和经济增长。外源性产业平台具有的较强聚集效应和规模优势是促进地方产业升级与转型、提升地方经济竞争力的有效的产业组织形式。外源性产业平台作为多主体参与地方经济发展的新载体，改变了以往地方政府依靠园区和展会招商的简单模式，日益成为各地政府提升经济发展质量、重塑竞争优势、实现产业转型发展的重要手段。

　　从地方政府角度而言，要结合本地经济社会发展现实和历史、文化、资源、潜力，制定科学合适的产业战略和规划，吸引符合产业投资方向的外源性资本。同时，要优化政府环境、市场环境和资源环境。地方政府要完善相应的政策措施，既要重视利用财税、土地方面的优惠政策，更应重视政策的连续性、透明度、兑现度以及政府的服务意识和办事效率，积极培育并大力弘扬诚信、务实、精细的服务文化和工作作风，营造好的营商环境。地方政府还要培育良好、规范、有序的市场环境，完善基础设施和公共服务体系，为外源性产业平台落户提供好的运营环境和配套服务。

　　从外源性龙头企业角度而言，要有清晰的产业平台战略和独特的平台价值主张，向外部各关联方展示平台业务模式和平台是如何为特定目标消费者提供利益和满足其需求的，以获得各关联方的认同。外源性龙头企业还要充分意识到产业平台是一个多方合作、共创共享的生态圈。要吸引关联、配套企业共建平台，外源性龙头企业要有长期发展、合作共赢的理念，要摒弃急功近利的短期利润思维，注意培育合作伙伴，和平台共同发展壮大。

第四章

外源性产业平台价值共创研究

作为一种新的市场组织形式，外源性产业平台通过聚集多主体共生合作来共同创造顾客价值。多主体共生关系是产业平台价值创造的基本特征，本章拟通过典型案例探究对产业平台协同共创演进机理。

第一节 文献回顾

一、产业平台生态系统

学术领域中的"平台"概念最早出现在新产品开发的研究中（Wheelwight，1992），之后被广泛使用于技术创新、产品制造、网络产业组织等领域（吴义爽和徐梦周，2011）。相比于传统产业组织形式，平台最大的不同在于它塑造出了从单边到多边的全新的产业模式。平台归根结底是一种开放的商业模式，无论在价值创造还是价值传递的过程中，都通过平台主体协同合作的方式实现平台目标。平台模式的核心是发展平台生态系统。李鹏和胡汉辉（2016）认为，平台生态系统的成长进化需要具有扩展性、协同性和持久性。相对于平台，平台生态系统更为复杂，其自我调节和抵御风险的能力也更强，创新速度更快。

平台研究的深入以及平台作用范围的扩展使平台从单纯的产品或服务平台提升为产业平台（Tiwana，2013）。产业平台可以定义为商业生态系统中的基本技术、产品或服务（Gawer and Cusumano，2008）。产业平台确定了生态系统中各方的规则、制定标准和协调系统模块。产业平台所有者可以凭借技术、信息以及契约工具等对其他企业进入该生态系统以及其他行为进行管制（Boudreau and Hagiu，2009）。与一般平台不同的是，产业平台往往具有多方面的功能。这种多方面的功能使得平台能够为多方提供有价值的服务，从而构建以自身为中心的商业生态系统。此时，作为产业平台的企业能够通过实体与虚拟的融合，超越企业甚至原有产业的边界，实现产业融合（Tiwana，2015）。

二、产业平台共生关系

在产业平台这个共生组织中，各成员之间维持着一定的合约关系，但作为共生单元的各个成员又具有自身的独立性和利益，他们依靠共生组织之间的共同利益关系，既竞争又合作，形成稳定而密切的组织网络，使各个成员的利益在共同利益增进中得到提高。

三、产业平台价值共创

根据协同理论，在共生系统中，各主体子系统要能够形成内在性的组织系统，进而产生协同效应，才能实现从无序向有序的稳定结构转变（李柏洲和董媛媛，2009）。产业平台各主体子系统只有在平台整体运行过程中有效协调与合作，每个子系统都要为平台价值创造的整体目标努力。这样，产生的协同合作的作用才会超越每一个子系统自身的独立作用，形成协同效应，从而促使产业平台的价值共创整体效应的最大提升。

四、文献述评

外源性产业平台是本书提出的概念，在现有研究文献中没有关于外源性产业平台共生和价值共创的论述。就多主体共生和价值共创而言，这是产业平台的特性，也是外源性产业平台的特性。文献回顾中对于产业平台共生和价值共创的理论内容也是适合外源性产业平台的。

外源性产业平台是个多主体共生的生态系统，外源性产业平台多主体涉及外源龙头企业和参与企业，他们是平台的价值创造的重要力量。平台价值创造需要产业平台中多主体合作才能实现，各个主体在该过程中扮演着不同的角色，并通过角色协同推动价值共创活动的开展。现有价值共创研究主要聚焦于企业和顾客共同参与的价值创造（Galvagno and Dalli，2014），而对于产业平台多主体之间如何合作推动平台的价值创造的研究尚少。

外源性产业平台是一个多主体共生的商业生态系统，产业平台龙头企业与参与企业是平台共生单元，它们是互惠共生的关系。外源性产业平台多主体共生关系不是短期的、暂时的，而是长期的、持久的，贯穿于平台发展始终。外源性产业平台共生单元必须共同合作，共创顾客价值，在促进平台发展中共获利益、共同发展。在外源性产业平台中不同主体合作的价值共创更是一个复杂的过程，其合作价值共创的意愿是如何产生的？合作效率和合作机制等如何影响平台的价值共创过程？这些问题仍未被很好地探索。本书拟从共生关系理论视角，通过相关案例分析，探索外源性产业平台多主体协同价值共创的关键因素，研究外源性产业平台多主体共生关系背景下的价值共创的影响因素、共创过程，揭示外源性产业平台多主体协同价值共创的实现路径和演进机理，为外源性产业平台更好地实施价值共创战略、促进外源性产业平台品牌发展提供参考。

第二节　研究设计

一、研究方法

案例研究是一种定性的、与现实情境相结合的经验型研究方法，着重于回答"是什么"和"怎么样"的问题（Yin，2010），适合于对现实中复杂而又具体的问题进行全面考察。基于本问题研究的性质和复杂性，本书采取探索性多案例研究方法，原因有二：一是现有文献缺乏针对产业平台多主体共生行为和价值共创过程的深入研究与讨论，而本书属于探索性研究范畴，需要遵循探索性研究范式开展研究。二是相较于单一案例研究，多案例研究通过逐项复制的方法增强案例研究结论的稳健性，保证研究的外部效度和信度。

二、案例对象选择

在案例研究中，案例对象的选择应遵循典型性、代表性、数据可获取性和理论相关性的原则。本书选择的案例对象是安徽启迪科技产业平台、中国丝绸文化产业创意园和腾讯互联网社交服务产业平台，较符合上述原则。这三个平台中两个为线下实体平台，通过在不同地域建立平台，发展壮大，其外源性特性比较突出；后一个为互联网线上平台，空间地域特征不突出，外源性相对模糊，更适于对比分析。这三个案例企业均有十年左右的发展历程，分别属于科技、文化和服务产业平台，在所属行业有较大影响。同时，这三个产业平台发展模式又不尽相同，前两者是通过异地扩展成长壮大，后者通过平台功能升级寻求发展。因而，案例对象具有较好的典型性、代表性和理论相关性。

三、数据收集

本部分研究的数据资料主要依靠企业来源资料和外部来源资料，前者包括对企业的实地调研、企业官网信息、对外发布的报告和企业出版物，后者有新闻报道、访谈、其他相关书籍、案例、学术论文。同时，通过多种途径尽可能获得更多的研究资料以满足理论研究对"三角证据"的要求（Eisenhardt，1989）。

第三节　案例企业共生行为分析*

一、中国丝绸文化产业平台——中国丝绸文化产业创意园

中国丝绸文化产业创意园（以下简称中丝园）位于深圳市龙岗区素有

---

* 案例企业数据资料来源为实地调查、企业官方网站和对外宣传手册、媒体报道、专业文献等。

"中国第一村"之称的南岭村，是国家文化产业示范基地。自 2009 年开园以来，中丝园以传承和弘扬丝绸文化为宗旨，集创意设计、科研创新、展示交易、旅游休闲、情景购物、青少年素质教育、互动体验等功能于一体，致力打造高档丝绸与刺绣制品及其延伸产品的文化产业平台。深圳中丝园已汇集了丝丽、凯喜雅、达利等百余家国内顶级丝绸知名品牌，以及丝绸服装、服饰、家纺、礼品、刺绣产品、桑蚕等延伸或相关产品的多家代理商、经销商等。中丝园项目已遍及深圳、成都、海南、苏州、贵州等地，成为中国丝绸行业高端服务平台和中国高端丝绸商务礼品、个性化丝绸产品定制交易平台。

（一）平台初建期的共生行为

南岭中丝园的前身是深圳市龙岗区南岭村社区在改革开放初期建设的第一工业区。2009 年，在租约到期后，南岭村社区引入中国同源有限公司与广东省丝绸纺织集团，打造中国丝绸文化创意产业园。

中丝园的定位突出以丝为名，意图成为中国首席丝绸文化服务平台、高端丝绸商务礼品定制交易平台。首创丝绸贸易新模式——将中国丝绸文化与产品经济相结合的创新展销模式，通过解读文化丝绸、典雅丝绸、时尚丝绸、艺术丝绸、健康丝绸的理念，构筑丝绸文化产业创意平台，整合全行业资源，扩大内销市场占有率。中丝园追求的目标是弘扬中国丝绸文化，提升丝绸产品附加值，搭建丝绸产业交流平台，再创丝绸繁荣商机。中丝园的定位和模式得到政府、行业协会和企业的高度认可。深圳中丝园很快汇集了百余家国内顶级丝绸知名品牌商、丝绸延伸产品及与之相关产品的代理商和经销商等，还得到政府和行业协会的大力支持，平台共生主体对中丝园未来发展充满信心，其合作共创价值的意愿强烈。

中丝园园区由丝行、绸庄、锦苑、绣阁、绫罗街等主体构成。其功能众多，包括设计制作、展示交易、青少年素质教育、情景购物、科研创新、体验互动等。另外，中丝园定位为一个配套设施完善的文化创意产业园区，园区汇集丝绸展销、进出口贸易、科研院所、行业协会等众多机构，并配备了与之相关的鉴定评估、拍卖展览、银行、休闲娱乐、餐饮茶馆、物流配送等服务。众多相关企业、机构和商户构成中丝园生态系统并形成共生关系。

中丝园要求入驻企业是重品牌、重质量、重服务的企业，且经营范围符合平台的规定和要求。对于入驻企业实行"零租金进驻、零成本入场、零风险经营"的优惠扶持政策。中丝园对入驻企业加强管理，在管理手册里规定了经营管理制度和经营服务要求。中丝园注重园区品牌建设和品牌推广，从整体上规划品牌包装和宣传的方案，同深圳市旅游部门和文博会合作，充分展示精品丝绸、时尚丝绸、艺术丝绸、健康丝绸的品牌形象。中丝园园区内的企业和商户根据经营业态和门类的不同，按照园区规划和功能划分，开展自己的业务。如在丝行功能区，企业和商户向顾客提供旅游工艺品、礼品、保健品、化妆品、家纺、家饰等产品和服务；在绸庄功能区，展现丝绸面料、品牌服饰、服装，提供定制服务。园区内的企业和商户在中丝园龙头企业同源公司的统一管理下按设定的经营业态和功能进行分工，共同营造平台经营环境，提供优质产品和服务，互利共赢，共生发展，协同共创顾客价值。

（二）平台发展期的共生行为

中丝园在深圳获得成功后，苏州、南充等丝绸文化资源丰富的地区以及想通过外源性龙头企业带动本地产业发展的地区积极和深圳中丝园及龙头企业中国同源公司联系。2014 年，成都中丝园、海岛中丝园、顺德中丝园、苏州中丝园、始兴中丝园等项目陆续启动，中国丝绸文化产业平台已走向全国。

中丝园的商业模式和平台定位得到国内其他地区的认同，地方政府积极支持中丝园的建设和运营。全国各地中丝园平台的管理由龙头企业同源公司负责，中丝园的经营管理形成政府支持、龙头企业主导、市场化运作、关联企业分工协作和社会参与的独特模式。地方政府支持、行业组织倡导、相关企业积极参与、多方合力为各地中丝园营造良好的平台共生生态，形成协调有序、协同共创的价值系统。

二、安徽启迪科技产业平台——安徽启迪科技城

安徽启迪科技城投资发展有限公司（以下简称安徽启迪）是清华大学启

迪控股成员企业，成立于 2015 年，位于安徽省国家级合肥经济技术开发区。安徽启迪依托清华大学和启迪控股的品牌优势，传承清华科技园的成功运行模式，以科技服务、科技园区及孵化器运营管理、产业集聚、科技城投资开发、科技金融平台为核心，打造与区域经济深度融合、具备全面业务能力的科技服务产业平台。截至 2019 年底，已经有上百家科技企业入住安徽启迪科技城，形成了良好的产业集聚发展态势。

（一）平台初建期的共生行为

启迪控股是一家依托清华大学设立的综合性大型企业，是中国千亿级科技服务企业，已将清华科技园的成功经验复制到了全国 30 多个城市。启迪的企业愿景是搭建创新与创业的舞台，成为科技服务业的引领者和区域创新的重要力量。作为一家外源龙头企业，它看中安徽的区域经济资源和潜力以及合肥的区位优势和科教资源，投资成立安徽启迪科技城。同时，安徽省和合肥市政府认为可依托启迪全球创新网络，充分调动和引入孵化培育、成果转化、科技金融、教育传媒等方面的优势资源，将其与合肥"大湖名城、创新高地"的城市发展定位相契合，为安徽启迪提供优惠扶持政策。

平台建立后，安徽启迪战略定位为"以打造全方位创新创业平台为己任，以科技园为载体的全链条科技服务提供商"。围绕新能源、智能制造和数字信息产业进行产业布局，提供科技金融、企业服务、创业引导、产品验证、投融资对接等科技服务。安徽启迪为园区企业提供顶层设计服务，输出管理模式和服务模式，营造共生生态圈。优旦科技、博正新能源、启迪博清、希贝信息、视友科技等几十家企业入驻，逐渐形成与产业紧密联系的上下游配套企业共生共享的产业生态圈。

（二）平台发展期的共生行为

在实现科技产业集聚功能的基础上，安徽启迪依托启迪控股创新创业服务经验，通过提供企业孵化、创新人才培育、科技成果转化等创新增值服务，打造全面的创新创业孵化服务体系和全方位创新创业平台。安徽启迪以创客空间和机器人产业基地为载体，通过自建品牌、合作运营、开放引入等方式，已形成了5个孵化平台,把创业团队、专家导师、地方政府、投资机构等核心要素结合到一起,依托空间互联、园区活动及网络支持,各孵化平台形成联动发展。安徽启迪还与清华大学、中科大等高校合作,积极推动科技成果转化,形成以龙头骨干企业为核心、高校院所积极参与、辐射带动中小微企业成长发展的产业创新生态群落。

安徽启迪作为平台龙头企业和平台管理方,从资源对接、项目申报、金融支持到品牌宣传,为创新创业提供完善的服务体系和平台支持。科技园区内的企业和机构在启迪控股公司的统一管理下,共同营造平台经营环境,互利共赢,共生发展,协同共创顾客价值。

三、腾讯互联网社交服务产业平台

腾讯公司是目前中国最大的互联网综合服务提供商之一,也是中国服务用户最多的互联网企业之一。截至2019年12月,QQ月活跃用户数超过7亿。公司成立之初,以即时通信软件QQ为用户提供交流沟通平台,通过与中国移动公司的合作,走向互联网社交服务高速发展之路。2011年,腾讯搭建"第三方开放平台",实现和内容提供商、广告商和用户的有效连接,构建以腾讯为核心的互联网社交服务产业平台。

(一)平台初建期的共生行为

起初,腾讯公司通过免费提供即时通信软件QQ为用户提供一个互动交流的平台。腾讯作为开发和运营商,主导着产品和服务的走向。顾客群体主要是对新事物接受能力强的人群,合作商主要是电信运营商。随着用户数量逐渐增长,广告商纷纷进驻腾讯平台。可见,在腾讯互联网社交服务产业平台,腾讯公司、顾客、电信运营商和广告商等作为该平台生态系统的共生单元,寻求互惠共生和共创平台价值。

腾讯作为平台龙头企业,构想的平台核心价值主张是为顾客提供高效的即时通信服务和一站式的在线服务、为广告商提供渠道推广和精准客户定位服务。商业模式为连接顾客、广告商并结盟多家第三方合作伙伴的多方互动的商业模式。平台核心价值主张和商业模式与平台共生单元的目标相契合，得到平台参与企业的认同，为平台共生和协同共创行为打下了心理基础。

腾讯公司不仅关注平台业务撮合，更重视平台监管，制定平台规则以维护整个生态系统。良好的平台治理增强了平台共生单元对平台运营和发展的信心，推动平台发展。顾客用户在生成、创作和传播内容的过程中为腾讯平台提供了创新的源泉；合作伙伴也呈现多元化，如日韩、欧美的游戏开发商为腾讯提供丰富的产品，满足用户多元化的需求。

通过与顾客、合作伙伴的价值共创活动，腾讯在用户的运营和维护以及关系链拓展方面表现得尤为突出，为平台的开放升级打下了坚实的基础。

（二）平台发展期的共生行为

2011 年，腾讯整合了各个子平台的资源，建立了"腾讯开放平台"。腾讯原本运营平台的各种资源和能力变成了面向开发者的各种服务，中小开发商在腾讯的平台上可以直接为用户提供产品，实现了对内容提供商、广告商和用户三种外部平台参与方的有效连接。随着腾讯转向平台升级期，合作伙伴在价值共创活动中的作用明显增强，他们从幕后"价值支持者"的角色转为"价值实施者"。而腾讯公司侧重于平台的规则制定、中小企业孵化扶植等工作，重视平台监管，扮演起价值支持者的角色。

作为开放平台的生态系统的维护者，腾讯在其商业模式上以价值共创为指导思想；在其价值主张上匹配各方资源和需求，实现各方交互融合，为各参与者制定合作机制和关系管理措施，各方共享平台价值的福利。商业模式的转变和价值主张的深化得到了各方参与者的认同。同时，腾讯着重培养自身的号召力和影响力以及生态系统的维护能力，具体表现在保证规则的合理性及注重程序公平和技术标准化的治理作用，如成立开放平台部门，建立行业公信力，树立标杆企业。此外，腾讯向外部开发商提供基础设施，创建云计算，向小规模企业提供 IT 服务等，这些资源共享机制实现了平台企业与参与企业之间的协同效应。最终，机制的完善与协同作用的推进激发了网络效应，形成了一个各方共同创造价值的生态圈。

平台各方价值共创活动和网络效应被激发，实现了平台的增值，增值所创造的价值进一步反馈到价值共创活动中，使得网络效应进一步被激发，从而形成良性循环。腾讯开放平台生态圈的形成使得平台所有者、合作伙伴、用户紧密联系在一起，不可分割，用户主导着产品和服务的发展走向；平台通过提供环境、机制和能力等客观资源服务于用户和外部产品内容提供商以取得收益，而外部内容产品提供商依靠来源顾客消费的分成赢利。同时，通过平台资源，"站在巨人的肩膀上"，获得自身的发展。腾讯平台生态圈的构建是为了打造了一个开放、共赢、没有边界的生态系统，通过网络效应与协同效应实现腾讯与合作伙伴互利共赢与价值共创。

第四节　案例发现

通过对安徽启迪科技产业平台、中国丝绸文化产业创意园和腾讯互联网社交服务产业平台的共生关系和共生行为分析可以发现，产业平台的价值创造是在平台多主体共生行为过程中实现的，平台认同、平台治理和平台协同等行为对平台价值创造有着重要影响。

一、共生关系下产业平台价值共创的影响因素

（一）平台认同

阿什福斯和米尔（Ashforth and Meal，1992）认为，当人们对于特定组织所持的信念在其定义自我形象的过程中发挥作用时，就会产生对该组织的认同感，进而会强化和该组织间的纽带关系。个体对组织的认同是一种心理过程，是个人对组织价值规范的认可和内化过程，是个体和组织紧密联系的一种情感认知体现。组织认同会增强组织内个体的合作和对组织的忠诚（金立印，2006）。

产业平台的经营理念和定位是平台的核心和本质，体现为平台管理者关于平台的独特价值主张和商业模式。在产业平台多主体共生环境中，各共生单元对产业平台的定位和价值主张、商业模式等核心信念是否认同，会影响其对平台组织的心理情感和关系程度，会影响共生行为和平台绩效。

　　价值主张是对企业应满足哪些顾客需求、如何满足其需求的说明，同时也是顾客对产品或服务的一种效用期望。如果平台的价值主张和参与企业期望相匹配，参与企业会认同平台发展战略并产生积极的互动。如腾讯互联网社交服务平台在升级期提出"为顾客提供高效的即时通信服务和一站式的在线服务、为广告商提供渠道推广和精准客户定位服务"的价值主张，得到平台参与企业的认同，使平台的网络效应进一步被激发。启迪控股的创造社会效益和经济效益的使命以及全链条科技服务提供商的定位和价值主张得到安徽省和合肥市政府及众多科技企业的认同，安徽启迪科技服务平台才落成并良好发展。

　　平台商业模式主要指平台价值创造的基本逻辑，即平台在一定的价值链或价值网络中如何向顾客提供产品和服务并获取利润，其核心是平台盈利模式。只有参与企业认同平台商业模式，对这种模式下平台和自身未来发展有着良好预期，才有可能参与到平台协同共创活动之中。安徽启迪科技产业平台、中国丝绸文化产业创意园和腾讯互联网社交服务产业平台的平台价值主张和商业模式（见表4-1）由于得到平台共生单元的高度认同，因此为平台良性发展奠定了坚实基础。

表4-1　　　　　　　　　　案例企业平台价值主张和商业模式

平台认同	腾讯互联网社交服务产业平台	中国丝绸文化产业创意园	安徽启迪科技产业平台
平台价值主张	免费提供即时通信软件QQ为用户提供一个互动交流的平台	以丝为名，做中国首席丝绸文化服务平台、高端丝绸商务礼品定制交易平台；通过解读文化丝绸的理念，构筑丝绸文化产业创意平台，整合全行业资源，扩大内销市场占有率	以打造全方位创新创业平台为己任，以科技园为载体的全链条科技服务提供商；促进产业发展与区域经济深度融合
平台商业模式	为连接顾客、广告商并结盟多家第三方合作伙伴的多方互动的商业模式	将中国丝绸文化与产品经济相结合的创新展销模式；弘扬中国丝绸文化，提升丝绸产品附加值，搭建丝绸产业交流平台，再创丝绸繁荣商机	依托清华大学和启迪控股的品牌优势，传承清华科技园成功运行模式，"孵化服务+创业培训+天使投资+开放平台"四位一体的孵化模式；以发展公共事业的思维构造商业价值链，帮助科技企业成长，从企业发展中分享红利

（二）平台治理

产业平台是一个开放的商业生态系统，平台多主体为追求自身利益最大化的投机行为会损害平台的发展。而面对众多的参与方，平台龙头企业很难靠自己的力量进行监管，只有设计出相应的平台治理机制来约束参与企业的行为，管理自身与参与企业的合作关系。

产业平台的运行效率和效果在很大程度上都取决于平台的治理。传统意义上的企业治理关键作用主要是对受雇负责日常运转活动的管理层的行为进行监控和控制（Hill and Lynn，2005；Eisenhardt，1989）。与他们不同的是，产业平台则需要确保平台参与者致力于合作创新和资源整合，因此它的治理所关注的应是对平台本身及其参与者的协调和管理活动（蒂瓦纳，2018）。

平台多主体目标多元，关系复杂，因此平台治理中一个重要的内容就是关系治理。关系治理是一切交易关系维持稳定的必要因素（Benton and Maloni，2005）。关系治理机制又分为交易性治理机制与关系性治理机制（Jap and Anderson，2003）。在交易性治理机制中，明确的契约条款规定了交易各方的责任和义务以及合作方式和利益划分，从而降低交关系的潜在风险和不确定性，提高了平台各参与者的满意度。在关系性治理机制中，平台企业与参与企业边界人员良好的个人关系有利于提高组织对交易关系的满意度以及对交易关系的承诺。

然而，为了保证产业平台更有效地运行，传统的关系治理机制的使用程度在减少，治理效力和治理机理在变化。在平台治理中，符合平台交易模式的程序公平和技术标准化的治理作用被广泛研究。程序公平的治理作用表现在，当平台各参与企业对交易流程有较高的公平感知时，他们会认为自己的利益可以得到有效保障，从而对交易关系更有信心，更愿意与交易伙伴分享信息和建立更紧密的合作伙伴关系，进而表现出对交易关系的忠诚。此外，平台企业的标准化交易流程的公平和公正会带给参与企业被重视的感觉——自己切实的投入可以获得合理的收益，有利于平台企业与参与企业建立良好的关系。技术标准化的治理作用表现在，平台企业与参与企业使用一致且标准化的技术和合作流程，使得平台交易的标准化程度得到提高，从而提高平台运行的效率。

平台决策权和治理机制是产业平台治理的重要维度。阿姆瑞特·蒂瓦纳（2018）认为，产业平台生态系统治理的重点是协调而不是控制，要通过把关控制、指标控制、过程控制和关联控制让平台多主体协调一致。把关控制是平台所有者对于进入平台的参与企业设置的标准和要求；指标控制是对于平台参与企业经营服务质量绩效的要求，并将其作为奖惩的依据；过程控制是对于平台参与企业经营行为或对制度遵从性的监控；关联控制是平台所有企业基于平台共生行为准则和价值观的平台文化和共同规范的约束，是一种非正式控制。案例企业产业平台治理机制如表4-2所示。

表4-2　　　　　　　　　案例企业产业平台治理机制举例

平台治理机制	腾讯互联网社交服务产业平台	中国丝绸文化产业创意园	安徽启迪科技产业平台
把关控制	明确对电信运营商、广告商以及内容开发企业的资质要求	要求平台入驻企业是重品牌、重质量、重服务的企业，且经营范围符合平台的规定和要求	要求入驻企业属于智能制造、新能源、数字经济等产业领域；创新创业孵化企业经营范围符合园区的规定和要求
指标控制	腾讯重视平台生态系统的维护能力，制定平台技术要求和服务标准，保证规则的合理性及注重程序公平和技术标准化的治理作用；成立开放平台部门，树立平台公信力	制定平台经营服务质量要求和顾客投诉评价制度，并将其作为奖惩依据	制定平台科技服务质量要求；制定平台创新创业服务体系和标准；加强科技服务、市场营销、品牌宣传、基金管理等职能服务；输出清华启迪的管理模式和服务模式
过程控制	制定平台规则，为各参与者制定合作机制和关系管理措施，加强平台监管	制定平台经营管理制度，对入驻企业经营行为监控。平台企业和商户按照规划和功能划分，开展自己的业务	制定园区管理制度，对入驻企业经营行为监控。入驻企业和机构按产业聚集和功能划分，开展自己的业务
关联控制	打造了一个开放、共赢、没有边界的生态系统，通过网络效应与协同效应实现互利共赢与价值共创	认同将中国丝绸文化与产品经济相结合，弘扬中国丝绸文化，提升丝绸产品附加值，互利共生，互惠共赢	突出以发展公共事业的思维构造商业价值链，帮助科技企业成长，从企业发展中分享红利；以丰富的产业资源和完善的服务体系助推企业快速成长，形成共生共享的产业生态圈

在平台决策权方面，安徽启迪科技产业平台、中国丝绸文化产业创意园和

腾讯互联网社交服务产业平台均由平台管理方即平台龙头企业主导。中丝园龙头企业同源公司高管郑桂泉认为，由龙头企业主导、掌控平台决策权和治理控制权，更有利于推行中丝园经营战略和实现企业稳定发展。安徽启迪科技产业平台强调独特价值观和治理结构，突出以发展公共事业的思维构造商业价值链，帮助科技企业成长，从企业发展中分享红利，它以独特公司管理文化驾驭平台。平台管理方直接负责与平台有关的决策，制定平台运营管理制度，负责平台监督，维护平台利益，使平台各方主体行为有序、规范，实现协同合作共赢。

（三）平台协同

随着产业平台的发展和扩张，平台中用户和参与企业规模的增加、关系的复杂、流程的繁杂，需要有关单位、部门及众多资源共同参与和密切协作。所以，协同是产业平台复杂化、高效化、自动化的客观要求，也是产业平台共生单元共创顾客价值的前提。产业平台多主体协同体现系统论的理念，在开放、共生的商业生态系统中，共生单元共享资源、协调配合、协作运营，平台系统运营顺畅，才能实现自身目标。

主体角色协同、业务流程协同和机制功能协同是产业平台协同的核心内容（费萨尔·豪可，2006；赵先德等，2016）。主体角色协同是指平台各主体扮演不同角色，承担相应工作和职责，协同推进平台的价值创造活动。业务流程协同主要是关于平台内部多元化业务组合、业务安排和合作流程优化、协同，从而提高平台运行的效率，使得各种资源被最大限度地整合，进而推动价值共创活动的开展。机制功能协同是为平台协同共创活动的可持续实施提供坚实保障的机制，从技术保障、沟通保障和利益保障等多方面实现协同，为产业平台协同共创顺利推进提供支撑。腾讯总裁马化腾表示，"在不伤害用户利益的前提下，腾讯愿意优先成就伙伴，开放平台并提供技术支持"。安徽启迪科技产业平台、中国丝绸文化产业创意园和腾讯互联网社交服务产业平台的平台协同有力推动平台的价值共创活动，这两个产业平台多主体分工协作，根据业务流程内在要求相互协同，平台充分发挥机制功能协同的作用，在共同创造顾客价值中共同发展。案例企业产业平台协同措施如表4-3所示。

表 4-3   案例企业产业平台协同措施

平台协同内容	腾讯互联网社交服务产业平台	中国丝绸文化产业创意园	安徽启迪科技产业平台
主体角色协同	平台所有者、电信运营商、广告商以及内容开发企业工作内容和职责明确	政府支持、龙头企业主导、市场化运作、关联企业分工协作和社会参与	政府支持、龙头企业主导、市场化运作、关联企业分工协作和高校及研究机构参与
业务流程协同	腾讯提供基础设施,创建云计算,提供 IT 服务等;内容提供商开发产品,吸引用户;顾客、开发商、广告商三方资源互相吸引,促进互动	园区内的企业和商户根据经营业态和门类的不同,按照园区规划和功能划分,开展自己的业务,丰富园区业务,吸引顾客	启迪利用全球创新网络提供孵化培育、成果转化、科技金融、教育传媒等方面优势资源和服务;产业紧密联系的上下游配套企业、创新创业、孵化企业共享科技资源和科技服务,协同互动
机制功能协同	开放平台,各方共享资源,平台提供技术服务;平台制定合作机制和关系管理措施;各方利益来源和分配制度明确	平台提供基础配套服务和技术支持;有平台利益分配和奖惩措施;不断完善平台合作协议,保障各主体利益	平台提供基础配套服务和技术支持;有平台利益分配和奖惩措施;不断完善平台合作协议,保障各主体利益;平台开放,资源共享;安徽启迪和江苏启迪确定高管定期沟通机制,共享管理和运营经验以及产业和政府资源,持续协同

二、共生关系下产业平台价值共创演化路径

顾客价值是企业竞争优势的重要来源,创造顾客价值是企业的根本要求。瓦戈和卢什(Vargo and Lusch,2011)认为,企业克服组织内外的种种约束,充分利用自身和其他各方的资源,与合作伙伴围绕价值主张,构建价值网络,共同创造有价值的产品和服务,实现企业价值。在产业平台的价值共创活动中,价值不再是在基于分离的、线性的价值链中先后被创造,而是在交互的、模块化的价值网络中,由平台企业、参与企业,甚至用户共同创造。价值共创是涉及多主体、复杂的企业行为,牛振邦等(2015)认为,根据刺激——反应理论,企业的价值共创活动包括两个阶段:一是价值共创活动的先导阶段,共创主体产生合作共创价值的意愿;二是价值共创活动的发生阶段,共创主体

协同开展顾客价值创造活动。

通过对案例企业共生行为分析可以看出，产业平台的价值共创活动也可清晰地分为两个阶段：价值共创先导阶段（平台共生单元产生价值共创的意愿）和价值共创发生阶段（平台共生单元协同共创顾客价值的行为）。

在产业平台价值共创先导阶段，各共生单元对产业平台未来发展前景形成预期，根据激励的期望理论，对组织未来发展的预期会影响人们的行为，良好的预期会产生积极的行为，因为其努力投入会有好的结果和好的回报。平台各共生单元如果对平台未来发展预期乐观，其合作共创价值的意愿会大大增强。平台多主体在对平台未来发展前景进行评判时，一是看平台的核心理念是否符合自己预期，看平台的价值主张、价值观念、定位和商业模式是否得到认同；二是看平台治理是否规范、有序，如果平台缺乏有效的治理，平台经营无序、混乱，平台难有乐观的未来。因此，高度的平台认同和良好的平台治理会让平台各共生单元产生较强的价值共创意愿。产业平台价值共创先导阶段如图4－1所示。

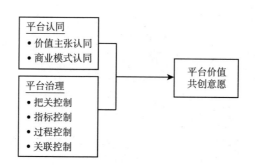

图4－1 产业平台价值共创先导阶段（价值共创意愿）

强烈的价值共创意愿会产生积极的协同共创价值的行为。价值共创是一个复杂的过程，产业平台多主体要根据在价值网络中的角色，通过共同设计、共同开发、共同分配等方式进行资源整合，协同业务和流程，满足平台用户的需求（Gummesson and Mele，2010；周文辉等，2019）。在产业平台价值共创发生阶段，平台协同是平台价值共创的核心，平台共生单元紧密合作，在主体角色、业务流程和机制功能上相互协同，共同推动平台顾客价值的创造（如图4－2所示）。

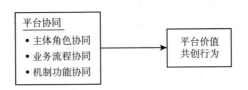

图 4 - 2 产业平台价值共创发生阶段（价值共创行为）

在平台发展战略中，最重要的是打造一个多方共赢的生态圈，只有让栖息在生态圈中的多数成员获得发展壮大的机会，并享受到福利，平台企业才有可能共同壮大，并持续获利（陈威如和余卓轩，2015）。在共生关系视角下，产业平台共生单元在平台认同、平台治理的基础上，通过平台协同，共创顾客价值，向对称互惠一体化共生演进。基于共生关系的产业平台价值共创过程的演进如图 4 - 3 所示。

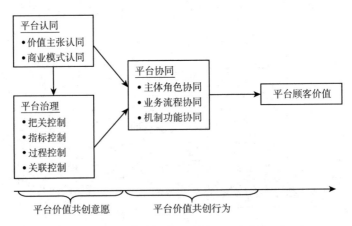

图 4 - 3 基于共生关系的产业平台共创价值的演进过程

首先，产业平台所有者（平台龙头企业）的平台价值主张和商业模式得到平台参与企业和关联方的充分认同，平台各共生主体对平台未来发展有良好预期和共同愿景，产生合作意愿，平台认同为平台共生环境下多主体价值共创提供心理基础。其次，有效的平台治理让平台多主体在制度层面实现权责落实，经营规范、有序，为平台提供良好的共生环境，也更进一步强化平台共生主体共创价值意愿。最后，平台多主体在技术层面按照平台运营的业务流程和内在要求分工合作、彼此协同，实现价值共创。

第五节　研究结论与启示

一、研究结论

多主体共生和价值共创是产业平台的共有特性，外源性产业平台也不例外。研究选择的三个案例对象中的两个其外源性特性比较突出，一个外源性相对弱化，通过对比分析得出，在共生环境下产业平台价值共创关键因素、演进过程和机理相同。

外源性产业平台是一个多主体共生的商业生态系统，外源龙头企业与参与企业是互惠共生的关系，外源性产业平台共生单元必须共同合作，共创顾客价值，在促进平台发展中共获利益、共同发展。外源性产业平台价值共创是一个复杂的协同活动过程。通过对安徽启迪科技产业平台、中国丝绸文化产业创意园和腾讯互联网社交服务产业平台三个产业平台共生行为的分析，构建出共生关系视角下产业平台价值共创演进机理的理论模型。模型认为，在外源性产业平台价值共创活动过程中，平台认同、平台治理和平台协同是重要的影响因素，平台认同和平台治理影响产业平台价值共创意愿，平台协同是产业平台价值共创的核心环节。外源性产业平台各共生主体对平台价值主张和平台商业模式的心理认同是价值共创的基础条件，规范、有效的平台治理机制是价值共创的制度保障，在此基础上，外源性产业平台各方预期共创价值行为会产生积极的效果，从而共同协作，创造顾客价值。而顾客价值又会吸引更多顾客，为平台发展进一步营造良好的共生环境，形成良性循环，不断推进外源性产业平台发展。

二、启示

通过以上研究，得出了以下几个实践启示。

第一，外源性产业平台所有者（外源龙头企业）应精心构想平台价值主张和开发更加合理的平台商业模式，并加强传播沟通，以增强平台参与方对平台未来发展的信心，获得平台参与方的心理认同，为平台多主体协同共创价值提供坚实支撑。产业平台目标市场和定位应明确、清晰，平台商业模式的设计应以价值共创、共享为原则，让平台参与者互惠共赢，真正构建互惠和一体化共生的平台生态系统。

第二，外源性产业平台企业所有者（外源龙头企业）应完善平台治理。产业平台治理应以协调共生关系为重点，要以平台制度建设为核心，规范平台运作，加强平台监管，让平台成为具有效率和公平的健康生态环境。

第三，外源性产业平台企业所有者（外源龙头企业）应建立有效的协同共创机制。互动合作与资源整合是产业平台取得多方共赢的保障，资源信息共享机制实现了各参与企业之间的资源互补；利益激励机制与分配相容，平台企业愿意与参与企业分享利益，参与企业才会与平台共担责任与风险；冲突协调机制能有效防止冲突给平台价值共创产生的不良影响；协同保障机制为产业平台协同共创顺利推进提供支撑。

第四，外源性产业平台的参与者也应在价值共创中积极作为，分工配合，实现价值共创、共享。外源性产业平台的参与者应在竞争和合作中找到互惠共生的发展模式，平台企业和参与企业要找准共生定位，制定有利于合作共赢的发展经营战略，提高共生能力和整个系统的竞争力，改善共生机制，实现企业合作协同进化，通过共创更大的顾客价值，实现互惠共生，推动产业平台持续、健康发展。

第五章

外源性产业平台龙头企业
品牌溢出效应研究

外源龙头企业主导建立的产业平台在各地快速发展，如义乌小商品城集团、大连万达集团、深圳上谷集团、中国同源公司、江苏凤凰出版集团在多地建立的商贸、文化产业平台，有力地促进了当地经济的发展。在外源性产业平台的发展中，外源龙头企业发挥关键性作用。外源龙头企业的品牌形象在一定程度上会影响消费者对产业平台的态度和看法，进而影响产业平台购买意愿和产业平台的发展。外源龙头企业品牌是否存在溢出效应？如果存在，这种溢出效应对消费者的平台品牌态度又会产生怎样的影响？

第一节　文献回顾

一、品牌溢出效应

品牌是企业重要的无形资产，是企业经营活动在消费者心中的综合性评价。好的品牌不仅会吸引消费者购买产品、促进产品销售，还会提升企业声誉和社会形象。同时，品牌还具有外部性，其作用会体现在该品牌自身以外的因素上，产生品牌溢出效应（李启庚和余明阳，2012）。

对品牌溢出效应研究较多的领域是品牌延伸和品牌联合。企业将知名的产品品牌延伸到新的产品类别时，基于知名品牌的积极联想会为企业带来更多顾客，促进新产品的销售。巴拉查德和高斯（Balachander and Ghose，2003）认为，相关联的品牌资产如母品牌和子品牌以及子品牌之间均存在溢出效应。方和米什拉（Fang and Mishra，2002）研究表明，两个高质量品牌资产的品牌联合的溢出效应比两个低品牌资产和一个高质量品牌资产与一个低品牌资产都要高。西蒙尼和鲁西（Simonin and Ruth，1998）以汽车和电子产品为实验刺激物研究品牌联合的溢出效应，认为联合前消费者对合伙品牌的态度正向影响其对联合品牌的态度。科舒埃特 – 费舍尔等（Koschate – Fischer et al.，2019）研究联合品牌合作伙伴关系中的正面和负面事件对品牌的溢出效应，认为其对合作品牌的影响强于母品牌。

布朗和丹森（Brown and Dacin，1997）研究企业品牌信息对产品评价的影响，认为企业品牌对产品品牌具有纵向溢出效应。王海忠等（2009）进一步研究发现，企业品牌对产品品牌的纵向溢出效应呈非对称性，对旗舰产品的溢出效应要强于非旗舰产品。科布斯等（Cobbs et al.，2015）研究企业赞助商对企业品牌的溢出效应，认为赞助商形象一致性和赞助商投资组合影响消费者的品牌感知。

二、品牌溢出效应的形成

品牌溢出效应的主要表现是对消费者态度变化的影响。对于品牌溢出效应的形成过程，学界运用消费者评价的情感迁移模型和联想需求模型进行阐释。

艾克和凯勒（Aaker and Keller，1990）用认知一致性理论对品牌延伸中的溢出效应进行解释：消费者如果感觉到延伸产品与母品牌间拟合程度较高，则会遵从认知节省原则，自觉将有关母品牌的一些特征和态度迁移到延伸产品上，这样保证了认知的一致性和稳定性。但如果主观拟合程度低，则会引起消费者的认知冲突，对母品牌的态度和情感就不能顺利迁移到延伸产品上。

巴特和雷迪（Bhat and Reddy，1999）认为，消费者对母品牌的相关联想会转移到延伸产品上。母品牌的特定联想实际上是消费者头脑中最容易被提取的信息，由于这种可及性（accessibility），品牌特定联想对延伸产品评价产生积极影响（Broniarczyk and Alba，1994）。对于产品品牌的联想包括基于产品相关属性及非产品相关属性的联想（Keller，1998），而对于企业品牌的联想则有基于企业能力和企业社会责任的联想（刘凤军和李辉，2017）。

情感迁移模型和联想需求模型尽管从不同角度解释品牌的溢出效应，但都是从消费者信息加工过程分析品牌态度的迁移，消费者品牌态度是评价品牌溢出效应的核心。品牌溢出效应的本质是消费者态度的迁移。根据信息加工理论，和品牌直接或间接相关的信息，经过消费者加工机制，产生对于品牌的稳定而持续的倾向，形成品牌态度。品牌态度是消费者对品牌的整体意向，包含认知成分和情感成分（Keller，1998）。认知成分是消费者对品牌的认识、评价和理解等，情感成分是消费者对品牌所持有的如厌恶、喜欢等感性情绪。

在品牌态度形成中，消费者信息加工机制受消费者对产品属性的感知程度的影响（Park et al.，1991）。韩（Han，1989）认为，如果消费者对产品不熟悉、对产品属性缺乏感知，则品牌形象联想直接影响消费者对产品属性的信念，进而影响消费者对品牌或特定产品的态度，品牌形象产生晕轮效应；如果消费者对产品熟悉，则会从产品属性的感知中抽象出品牌形象，形成对品牌或特定产品的态度。莱尔等（Lehr et al.，2020）研究认为，可接触性服务会增强消费者的产品认知，对消费者的品牌态度和品牌购买意向有积极影响。

三、外源龙头企业品牌溢出效应

消费者品牌态度的形成是消费者信息加工的过程，是消费者后天习得的结果（Keller，1998）。汪旭辉和王东明（2018）通过对电商产业平台研究，认为平台管理企业的社会责任形象、CEO 形象和品牌标识形象会影响消费者对平台的评价和平台声誉。赵先德等（2016）认为，消费者如果对产业平台还未有充分的消费体验时，在缺乏外在信息输入的情况下，消费者对平台的态度和评价在很大程度上是通过对平台投资管理方——平台龙头企业品牌推断而来。这种初始的评价可能会在消费者对平台消费体验和进一步了解后发生变化，但仍然在较大程度上影响其对平台的整体看法。

在外源性产业平台发展中，外源龙头企业形象对当地公众和消费者的影响更加明显，其突出的市场地位和广泛的社会形象是消费者评价平台的重要依据。在外源性产业平台品牌态度形成过程中，消费者会受外源龙头企业品牌态度的影响。

四、文献述评

现有关于品牌溢出效应及形成机制的研究主要聚焦于产品品牌之间以及企业品牌对产品品牌的影响，针对企业品牌的溢出效应研究尚不多见。产品属性上的关联和企业能力联想借助技术、质量等具体线索和客观因素，容易移植到产品品牌上，从而易于影响消费者对产品品牌的信念和态度。而由于消费者对企业品牌的感知更为抽象和笼统，企业品牌间的溢出效应的研究需要更多地关注影响消费者态度的内在、隐含的因素和线索。

外源龙头企业是外源性产业平台的主要投资方和管理方，消费者对外源龙头企业品牌态度会体现到对产业平台品牌的评价上，消费者将外源龙头企业品牌形象的特定联想迁移到龙头企业投资建立的平台上，形成对平台的看法和态度。但由于企业品牌形象的整体性和抽象性特征，外源龙头企业品牌形象联想的影响路径尚未清晰。

第二节　研究假设

一、外源龙头企业品牌联想与外源性产业平台品牌态度

品牌联想是形成品牌态度和品牌资产的重要因素（Aaker，1991）。刘凤军和李辉（2017）认为，消费者基于所了解的企业知识和信息产生企业联想，企业联想对消费者品牌态度具有积极影响。消费者的企业联想包括企业能力联想和企业社会责任联想。前者是指消费者对企业专长和业务能力的认识和评价，如企业改善产品和服务质量的能力、经营管理和市场竞争的能力等；后者是指消费者对企业的社会道德和履行社会责任方面的认识和评价。

在外源性产业平台品牌态度的形成过程中，消费者一定程度上受到外源龙

头企业的品牌形象的影响。在外源性产业平台初建时，消费者还没有平台消费经历和体验，其对该平台品牌的认识和评价等态度主要源于对平台投资方（即外源龙头企业）的知识及其联想。消费者对外源龙头企业的品牌态度所引发的企业联想，不仅会影响消费者对产业平台的品牌认知，也会影响消费者对产业平台的品牌情感。消费者依据外源龙头企业的业务规模、经营业绩和市场表现等企业能力表现，进一步会联想到它投资建立的产业平台的经营状况，从而影响消费者对产业平台品牌的理性认知和经营预期的判断。不仅如此，如果消费者认为外源龙头企业的经营能力突出、竞争能力强，这种晕轮效应还会进一步激发消费者情感，使其在心理上认可并喜欢它建立的产业平台。因此，本书提出假设 H1。

H1：外源龙头企业品牌的能力联想正向影响外源性产业平台品牌态度。

H1a：外源龙头企业品牌的能力联想正向影响外源性产业平台品牌认知态度。

H1b：外源龙头企业品牌的能力联想正向影响外源性产业平台品牌情感态度。

企业社会责任联想会影响消费者对企业经营和价值文化的认知，还会激发消费者情感类（如道德观念）的思考，会影响消费者情感（王晓明等，2017）。莫拉莱斯（Morales，2005）认为，当企业履行社会责任，人们会认为企业对社会福利的关心程度超过对企业自身盈利的关心，进而会认同企业的价值观，对企业产生积极的态度和评价。这种评价更多地影响人们的主观的心理情绪，如对企业的肯定、认同，进而进一步产生好感。消费者对外源龙头企业品牌的社会责任联想，不仅影响消费者对外源龙头企业建立的产业平台的品牌认知，还会影响消费者对产业平台的品牌情感。因此，本书提出假设 H2。

H2：外源龙头企业品牌的社会责任联想正向影响外源性产业平台品牌态度。

H2a：外源龙头企业品牌的社会责任联想正向影响外源性产业平台品牌认知态度。

H2b：外源龙头企业品牌的社会责任联想正向影响外源性产业平台品牌情感态度。

二、消费者认同的中介作用

认同是个体将自己视为某一社会群体成员的一种身份认知状态（Bergami

and Bagozzi，2000）。社会认同理论认为，个体通过自我归类表明群体成员身份是人的社会属性特征。研究表明，品牌与消费者所崇尚和追求的越相符，越容易得到消费者的认可和共鸣，这会拉近品牌与消费者的距离，使消费者认同品牌，产生好感和增强购买意愿（Schouten，1991）。金立印（2006）研究认为，消费者的认同会积极影响消费者品牌态度和提升品牌资产。郭爱云和杜德斌（2018）认为消费者认同则会促进消费者与品牌建立较强的自我联结和正面情感，积极评论品牌。

消费者基于外源龙头企业信息和行为产生品牌联想，会在心理层面更愿意接受该企业或品牌，引发认同，这种认同会投射到对该企业相关的行为的评价上。消费者对龙头企业的能力和社会责任联想，使消费者认同企业发展，认同企业的价值观和社会形象，促进消费者对该企业运营和管理的产业平台的积极评价，产生对产业平台运营和发展的良好预期以及积极的情感态度。由此，本书提出假设 H3：

H3：在外源龙头企业品牌联想对产业平台品牌态度影响的过程中，消费者认同起中介作用。

H3a：在外源龙头企业品牌的能力联想对产业平台品牌态度影响的过程中，消费者认同起中介作用。

H3b：在外源龙头企业品牌的社会责任联想对产业平台品牌态度影响的过程中，消费者认同起中介作用。

基于上述分析和研究假设，本书提出研究理论模型如图 5-1 所示。

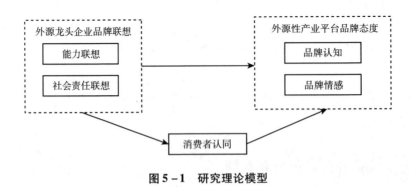

图 5-1　研究理论模型

第三节　研究方法

一、问卷设计

研究采用问卷调查法。首先，调查问卷共分为三个部分：第一部分列举出4个有影响的外源龙头企业和其他地方建立的外源性产业平台，如大连万达集团——万达城市广场、浙江义乌小商品城集团——义乌商贸城、深圳海吉星集团——海吉星农产品商贸市场和江苏凤凰传媒出版集团——凤凰文化广场，仅以此为示例，让被调查者对龙头企业和外源性产业平台有直观认识，再请被调查者根据所其所了解的外源性产业平台及龙头企业（不限于这4个平台），填写问卷。

其次，是量表测量，包括外源龙头企业品牌联想、消费者认同和外源性产业平台品牌态度量表。

外源龙头企业品牌联想量表借鉴刘凤军和李辉（2017）的研究量表，外源龙头企业联想包括外源龙头企业能力联想和社会责任联想两个维度，共8个题项，A1~A4为企业能力联想测量问项，A5~A8为企业能力联想测量问项。量表构成如表5-1所示。

表5-1　　　　　　　　　外源龙头企业品牌联想量表

变量	测量问项	参考文献
外源龙头企业品牌联想	A1 我觉得该企业很有实力	刘凤军和李辉（2017）
	A2 我觉得该企业能够为消费者提供高质量的产品或服务	
	A3 我觉得该企业被管理得很好	
	A4 我觉得该企业在行业内具有很强影响力	
	A5 该企业对社会公益事业比较支持	
	A6 该企业是一家对消费者很负责任的公司	
	A7 该企业对社会回报的投入大	
	A8 该企业以一种道德上负责的方式行事	

消费者认同量表借鉴金立印（2006）的研究量表，共 4 个题项。量表构成如表 5 - 2 所示。

表 5 - 2　　　　　　　　　　　　消费者认同量表

变量	测量问项	参考文献
消费者认同	B1 我认同该企业的经营方式	金立印（2006）
	B2 我认同该企业所代表的价值观	
	B3 我认可该企业的社会表现	
	B4 该企业符合我心目中的形象	

对于外源性产业平台品牌态度量表，研究参考了拉弗蒂（Lafferty，2007）、巴戈奇和杜拉克亚（Bagozzi and Dholakia，2006）所使用的量表，对语言进行了微调，包括认知态度和情感态度两个维度，共 8 个题项，C1 ~ C4 为认知态度测量问项，C5 ~ C8 为情感态度测量问项。量表构成如表 5 - 3 所示。

表 5 - 3　　　　　　　　　　　外源性产业平台品牌态度量表

变量	测量问项	参考文献
外源性产业平台品牌态度	C1 我对该平台整体印象不错	Lafferty（2007）、Bagozzi and Dholakia（2006）
	C2 我认为该平台能满足要求	
	C3 我认为在该平台购物是值得的	
	C4 我认为该平台令人满意	
	C5 我欢喜该平台	
	C6 我认为在该平台购物会很开心	
	C7 我认为该平台有吸引力	
	C8 我认为在该平台购物很舒服	

所有题项均以李科特（Likert）7 点量表测量，1 代表"完全不同意"，7 代表"完全同意"。

最后，是被试基本信息，包括性别、年龄、受教育程度、工作年限和人均年收入。

二、资料收集

正式问卷调研前，先选择了 40 位在校大学生进行了问卷预试，并根据问卷预调研反馈情况对题项进行了净化，修订预调研问卷后形成正式调研问卷。正式调研共收回问卷 247 份，剔除无效问卷 34 份（如填写不完整、连续十道题及以上答案相同、答案前后不一致），最终得到有效问卷 213 份。样本基本信息如表 5 - 4 所示。

表 5 - 4　　　　　　　　　　　样本基本信息

变量	选项	频次	比例（%）	变量	选项	频次	比例（%）
性别	男	96	45.07	工作年限	2 年以下	47	22.07
	女	117	54.93		2~4 年	65	30.52
年龄	20 岁及以下	14	6.57		5~7 年	58	27.23
	21~30 岁	128	60.10		8 年以上	43	20.18
	31~40 岁	32	15.02	人均年收入	10000 元以下	36	16.90
	41~50 岁	26	12.21		10001~30000 元	38	17.84
	50 岁以上	13	6.10		30001~50000 元	68	31.93
受教育程度	大专以下	42	19.72		50001~80000 元	49	23.00
	大专	21	9.85		80000 元以上	22	10.33
	本科	104	48.83				
	硕士及以上	46	21.60				

第四节　数据分析与研究结果

一、信度分析

本部分研究运用 SPSS23.0 对研究量表进行了相应的信度分析，结果显示各变量 Cronbach' α 系数值都在 0.7 以上，显示量表顺利通过信度检验，具备理想的信度，比较可靠。具体数值如表 5 – 5 所示。

表 5 – 5 信度分析

		测量项目数量	α 系数	α 系数
品牌联想	能力联想	4	0.886	0.905
	社会责任联想	4	0.839	
消费者认同	消费者认同	4	0.869	0.869
品牌态度	认知态度	4	0.894	0.923
	情感态度	4	0.874	

二、效度分析

对消费者认同、品牌联想和品牌态度的量表分别进行探索性因子分析，得到各量表的 KMO 值均在 0.6 以上，且 Bartlett 球形检验 Sig 值均为 0.000，卡方检验结果显著，说明各变量适合做因子分析，具体数值如表 5 – 6 所示。运用因子分析的方法对量表进行探索性因子分析，从表 5 – 7 可以看出各因子载荷均大于 0.5（P<0.001），说明量表的收敛效度较高；因素累计解释程度都大于 60%，共同性也都达到 50% 以上，说明该量表的构建效度较好。

表 5 – 6 KMO 值和 Bartlett 检验结果

构念		KMO 值	Sig
消费者认同		0.814	0.000
品牌联想	能力联想	0.831	0.000
	社会责任联想	0.813	0.000
品牌态度	认知态度	0.808	0.000
	情感态度	0.795	0.000

表 5 – 7   效度分析

构念	解释度（%）	题项	因子载荷	共同性
消费者认同	71.906	B1	0.801	0.641
		B2	0.860	0.740
		B3	0.889	0.790
		B4	0.839	0.705
能力联想	74.545	A1	0.886	0.785
		A2	0.832	0.691
		A3	0.871	0.758
		A4	0.864	0.747
社会责任联想	67.667	A5	0.801	0.641
		A6	0.851	0.724
		A7	0.839	0.704
		A8	0.798	0.637
认知态度	76.041	C1	0.922	0.850
		C2	0.863	0.745
		C3	0.887	0.786
		C4	0.813	0.661
情感态度	72.635	C5	0.826	0.682
		C6	0.889	0.791
		C7	0.872	0.761
		C8	0.820	0.672

三、假设检验

（一）主效应检验

主效应检验采用回归分析方式对假设进行检验，结果如表 5 – 8 所示。

表 5-8   主效应检验

变量	认知态度		情感态度		消费者认同	
	M1	M2	M3	M4	M5	M6
能力联想	0.692**		0.658**		0.758**	
社会责任联想		0.477**		0.558**		0.649**
R^2	0.478	0.227	0.432	0.311	0.575	0.421
调整 R^2	0.475	0.223	0.429	0.307	0.572	0.417
F 值	151.280	48.519	125.703	74.414	222.960	119.824

注：* $p < 0.05$，** $p < 0.01$。

如表 5-8 中 M1 所示，能力联想对应的 B＝0.692 且 P＜0.01。因此，外源龙头企业品牌的能力联想正向影响外源性产业平台品牌认知，假设 H1a 得到验证。在 M2 中，社会责任联想对应的 B＝0.477 且 P＜0.01。因此，假设 H2a 得证。在 M3 和 M4 中，能力联想对应的 B＝0.658 且 P＜0.01，社会责任联想对应的 B＝0.558 且 P＜0.01。因此，假设 H1b 和 H2b 得到验证。

（二）中介效应检验

中介效应检验首先运用 SPSS23.0 对相关变量以逐步回归的方式进行检验，结果如表 5-9 所示。

表 5-9   中介效应检验

变量	品牌态度				
	M7	M8	M9	M10	M11
能力联想	0.720**			0.460**	
社会责任联想		0.549**			0.172*
中介变量					
消费者认同			0.692**	0.343**	0.581**
R^2	0.519	0.301	0.479	0.569	0.496
调整 R^2	0.516	0.297	0.476	0.564	0.490
F 值	178.069	71.011	151.701	108.310	80.742

注：* $p < 0.05$，** $p < 0.01$。

如表 5 - 9 所示，从 M9 可知，消费者认同对平台品牌态度有显著的正向影响（系数值 0.692，p < 0.01）。结合 M7 和 M10 可知，当加入消费者认同时，能力联想的系数由 0.720（p < 0.01）下降到 0.460（p < 0.01），可知消费者认同在能力联想对消费者品牌态度作用的过程中起到部分中介的作用，假设 H3a 得到验证。结合 M8 和 M11 可知，当加入消费者认同时，社会责任联想的系数由 0.549（p < 0.01）变为 0.172（p < 0.05）。因此，消费者认同在社会责任联想对品牌态度的影响中起到部分中介作用，即假设 H3b 得到验证。

同时，本书还运用 SPSS 的 Process 程序进行 Bootstrap 中介变量检验，样本量选择 5000，构造 95% 的置信区间。检验结果如表 5 - 10 和表 5 - 11 所示。

表 5 - 10　　　消费者认同在龙头企业能力联想对平台品牌态度的
中介效应 Bootstrap 分析结果

	效应值	Boot 标准误	Boot CI 下限	Boot CI 上限	相对效应值
总效应	0.6118	0.0458	0.5213	0.7024	100%
直接效应	0.3909	0.0667	0.2591	0.5227	63.89%
中介效应	0.2209	0.5023	0.1180	0.3226	36.11%

从表 5 - 10 可知，龙头企业能力联想对外源性产业平台品牌态度通过消费需求认同的中介效应为 0.2209，置信区间为 [0.1180, 0.3226]，置信区间不包含 0，说明这一中介关系是显著的，中介效应占比为 36.11%，假设 H3a 得到验证和支持。

表 5 - 11　　　消费者认同在龙头企业社会责任联想对平台品牌态度的
中介效应 Bootstrap 分析结果

	效应值	Boot 标准误	Boot CI 下限	Boot CI 上限	相对效应值
总效应	0.5730	0.0680	0.4388	0.7073	100%
直接效应	0.1796	0.0761	0.0294	0.3299	31.34%
中介效应	0.3934	0.0647	0.2723	0.5248	68.66%

从表 5 - 11 可知，龙头企业社会责任联想对外源性产业平台品牌态度通过消费需求认同的中介效应为 0.3934，置信区间为 [0.2723, 0.5248]，置信区

间不包含 0，说明这一中介关系是显著的，中介效应占比为 68.66%，假设 H3b 得到验证和支持。

（三）验证结果

对检验的结果进行总结，各假设的验证结果如表 5 – 12 所示。

表 5 – 12　　　　　　　　　　　检验结果

序号	假设内容	验证结果
H1a	外源龙头企业品牌的能力联想正向影响外源性产业平台品牌认知	√
H1b	外源龙头企业品牌的能力联想正向影响外源性产业平台品牌情感	√
H2a	外源龙头企业品牌的社会责任联想正向影响外源性产业平台品牌认知	√
H2b	外源龙头企业品牌的社会责任联想正向影响外源性产业平台品牌情感	√
H3a	在外源龙头企业品牌的能力联想对产业平台品牌态度影响的过程中，消费者认同起中介作用	√
H3b	在外源龙头企业品牌的社会责任联想对产业平台品牌态度影响的过程中，消费者认同起中介作用	√

第五节　研究结论与启示

一、研究结论

本部分研究消费者对外源性产业平台品牌态度的形成是否受到外源龙头企业品牌形象的影响以及影响的作用机制。通过实证研究，得出以下主要结论。

首先，外源龙头企业品牌联想对外源性产业平台品牌态度有积极影响。消费者对外源龙头企业品牌的能力联想和社会责任联想均积极影响外源性产业平台的品牌认知和品牌情感。在外源性产业平台品牌态度形成过程中，消费者对外源龙头企业的品牌联想会溢出到外源性产业平台品牌态度上，外源龙头企业品牌存在正向溢出效应。实证证实，消费者对外源性产业平台品牌态度的形成是受外源龙头企业品牌态度的影响的。消费者会基于龙头企业品牌的能力联想和社会责任联想，影响其对由龙头企业投资和运营的产业平台的认知和情感等品牌态度的形成。越是实力雄厚、竞争能力强、社会声誉高的外源龙头企业，其投资建立的产业平台越能得到认可和正面评价，这种品牌迁移作用和品牌溢出效应更加明显。

其次，消费者认同在外源龙头企业品牌联想对外源性产业平台品牌态度影响的过程中起中介作用。无论是外源龙头企业品牌的能力联想，还是外源龙头企业品牌的社会责任联想，在对外源性产业平台品牌态度的影响过程中，消费者认同均起中介作用。消费者对外源性产业平台品牌态度的形成，是基于与该品牌相关的知识以及内在的情感作用，而消费者认同实际反映消费者对龙头企业品牌关系的一种心理连接和较强烈情感体现，对外源性产业平台的品牌认知和品牌情感等态度的形成产生直接的影响。

二、理论贡献

本部分研究的理论贡献主要有：首先，进一步拓展了品牌溢出效应的研究领域。国内外学者一直关注品牌溢出效应的研究，但现有文献多针对产品的品牌延伸和品牌联合领域的品牌溢出效应的研究。不管是品牌延伸还是品牌联合，原品牌的产品相关与非产品相关的属性更易于将消费者的态度转移至相关的品牌上。和产品品牌态度不同，企业品牌态度是消费者基于企业品牌的知识和联想，缺少清晰和客观的属性特征，是否也具有态度迁移作用是个值得探讨的问题。本书以龙头企业和其建立的外源性产业平台品牌为研究对象，通过研究证实，龙头企业的品牌联想对外源性产业平台品牌具有溢出效应，这对产业平台品牌形象塑造和品牌传播策略的设计有一定的参考意义。

其次，探讨了龙头企业品牌联想对外源性产业平台品牌态度的影响并揭示了内在作用机制。龙头企业品牌的能力联想和社会责任联想对外源性产业平台品牌的认知态度和情感态度均产生积极影响，消费者认同在此过程起中介作用。龙头企业的能力和社会责任行为得到消费者接受是让消费者态度迁移和态度产生的重要作用机制，这也从另一个方面印证了消费者对品牌的感受和品牌——消费者关系是形成基于消费者的品牌资产的重要内容。

三、启 示

本章研究结果对外源性产业平台品牌建设具有如下启示。

第一，外源性产业平台对于推动地方经济发展、促进产业升级和吸引产业聚集有着积极作用。地方政府十分重视吸引外源龙头企业投资建设产业平台，但产业平台能否成功要看平台品牌形象的塑造和平台能否得到消费者的积极评价。由于外源龙头企业品牌具有正向溢出效应，地方政府在引进外源性产业平台时，要注重考察外源龙头企业品牌形象，选择实力雄厚、市场影响大、社会形象好的龙头企业。同时，在产业平台建立之初，地方政府和龙头企业要重点宣传平台龙头企业的实力和社会影响，引导消费者对产业平台未来发展的良好预期，增强消费者对产业平台品牌的认知和情感态度。在产业平台品牌推广时，要将外源龙头企业品牌形象和产业平台紧紧联系在一起，让龙头企业品牌效应发挥更大影响，让龙头企业品牌为消费者对产业平台品牌信任起到背书的作用，更好地影响消费者对产业平台的品牌态度。

第二，外源龙头企业要重视品牌形象建设，重视发展业务能力和履行社会责任，让消费者和社会公众对企业持有积极、肯定的态度。外源龙头企业要重视品牌——消费者关系，加强与消费者的互动交流，积极宣传企业的核心优势、企业价值观与相关社会责任举措，让消费者对企业有更全面的了解和认知，强化消费者对企业能力和社会责任信念的改善和提高，增强消费者对企业的认同感，让消费者对龙头企业品牌的积极态度延伸到产业平台品牌上。

第六章

外源性产业平台多主体管理策略
对平台品牌态度的影响研究

与传统的单一主体下的企业品牌塑造不同，产业平台中的多个主体在平台品牌建设中均扮演相应的角色，承担相应的平台功能。在外源性产业平台的发展中，外源龙头企业是平台管理者，平台产品和服务提供方、配套服务支持方等平台参与方是平台的使用者，他们共同影响消费者的平台品牌体验、感知和品牌态度，共同促进平台的发展，共同塑造平台品牌形象。但外源性产业平台多主体不同的管理策略行为如何影响消费者的平台品牌态度？本章从这一视角探究外源性产业平台品牌的形成机制，以外源性商贸产业平台为研究对象，运用方差分析和 Bootstrap 中介效应检验，探索外源性产业平台企业和平台卖家的管理策略行为对消费者的平台品牌态度的影响及作用机理，以进一步了解外源性产业平台品牌的形成机制，更好地促进外源性产业平台品牌的建设和发展。

第一节　文献回顾

一、品牌态度和基于消费者的品牌资产

阿加曾和菲什拜因（Ajzen and Fishbein，1980）认为，品牌态度是消费者对于特定品牌的持续性的偏好或者讨厌的倾向。品牌态度是消费者对品牌的整体意向，包含认知成分和情感成分（Keller，1998）。认知成分是消费者对品牌的认识、评价

和理解等，情感成分是消费者对品牌所持有的如厌恶、喜欢等感性情绪。

品牌态度是以对产品相关属性及非产品相关属性的信念为基础，对品牌的整体性评价（Wilkie，1990；Keller，2020）。米塔尔（Mittal，1990）认为，品牌态度来自消费者对品牌的功能性属性和表现属性的感知。珀西和罗西特（Percy and Rossiter，1992）指出，品牌态度包括情感和认知两部分，它是对消费者对品牌满足其需求和目标的能力的综合评价。引导消费者行为的是认知因素，即理性因素，而刺激消费者行为的是情感因素。认知因素是品牌能够为消费者提供的一系列实际利益，而这些利益的存在是形成品牌态度的主要原因。迈德哈瓦拉曼和艾潘（Madhavaram and Appan，2010）认为，当消费者从品牌属性中获得信息和刺激时，就会根据获得的信息与以往的经验，对品牌产生内在的心理评估。弗兰岑（Franzen，1999）认为，品牌态度是消费者在特定品牌偏好下对品牌稳定的有利或不利的整体评价。消费者品牌态度的形成是消费者信息加工的过程，是消费者后天习得的结果。根据信息加工理论和品牌直接或间接相关的信息，通过消费者加工机制，形成消费者对于品牌的稳定性和持续性的倾向。

消费者的品牌态度直接影响其购买意愿和购买行为（Neal，2000）。消费者在作出购买决策时，会把心目中对品牌的偏好作为购买与否的重要参考。消费者的品牌态度是品牌资产的重要影响因素（Blackston，1992；Punj and Hill-yer，2004）。凯勒（Keller，1993）提出基于消费者的品牌资产概念模型，认为品牌资产来源于消费者对营销活动的反应所形成的品牌知识。企业的营销活动让消费者产生品牌意识和品牌联想，形成对品牌的持续、稳定的态度，驱动品牌资产的形成（黄合水和彭聘龄，2002）。

二、外源性产业平台多主体共生关系

外源性产业平台是一个多主体的市场组织，平台龙头企业与参与企业是重要的共生单元，形成共生关系群体。各个共生单元承担不同的平台职能，相互合作，协同共创价值。平台龙头企业是核心的共生单元，起到了资源融合及匹配的作用，扮演着领导者和管理者的角色，对资源整合和共生单元的协调起到了不可替代的作用（胡岗岚等，2009）。外源性产业平台中面向顾客的营销活动主体包括平台管理方和平台销售方，前者主要负责平台的宣传推广和平台监管，吸引顾客、保障平台正常运营和维护顾客利益；后者主要面向顾客提供产品和服务，满足顾客需要。

第二节　模型构建与研究假设

一、模型构建

外源性产业平台作为多边平台，不同于传统组织模式下单个企业面向顾客提供产品和服务。以外源性商贸产业平台为例，其主体包括平台企业（管理方）和平台卖家，两者共同为平台买家（顾客）提供产品和服务，为顾客创造和提供价值。因此，本书从外源性产业平台的"平台企业—平台卖家—平台买家"三方市场角度，探究外源性产业平台企业的管理策略：平台宣传策略（平台—买家）、平台监管策略（平台—卖家）和平台卖家销售策略（卖家—买家）。

品牌态度是反映消费者对品牌的看法和影响其购买行为的重要指标。消费者在作购买决策时，通常都会使他们所感知到的品牌属性利益最大化，并将心中对品牌的情感和偏好作为品牌购买的参考依据，故品牌态度会直接影响消费者的购买意愿和购买行为。根据品牌态度的二维观点，可将消费者对外源性产业平台的品牌态度分为品牌认知态度和品牌情感态度，本章拟从"外源性产业平台企业—平台卖家—平台买家"三方市场角度出发，探索外源性产业平台企业宣传、监管策略和平台卖家销售策略对于消费者品牌态度不同维度差异化的影响。

品牌形象感知是人们对品牌的总体感知与所有印象的总和，是由对品牌的认识引发的结果，是消费者加工处理品牌关联信息过程中的重要组成部分（Lin and Chuang，2018）。研究引入中介变量——品牌形象感知，对外源性产业平台的社会形象感知和价值形象感知在不同主体方管理策略对消费者品牌态度中的中介作用进行分析。

基于此，本书的研究理论模型如图 6-1 所示。

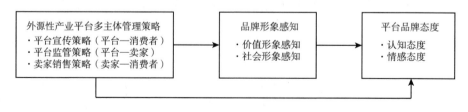

图 6-1　研究理论模型

二、研究假设

(一) 外源性产业平台多方主体管理策略与消费者品牌态度的关系

态度一直以来都是消费者行为学中最重要的概念之一，消费者对品牌的态度也是企业营销效果的重要依据。根据信息加工理论，消费者品牌态度的形成是消费者进行信息加工的过程，是消费者后天习得的结果 (Kokkinaki and Lunt，1999)。企业的经营管理活动让消费者产生品牌意识和品牌联想，进而形成对品牌的持续、稳定的看法和评价，即品牌态度。

外源性产业平台的多元共生主体的经营策略行为对消费者的平台品牌态度产生直接或间接的影响。外源龙头企业作为平台的投资方和管理方，承担平台的宣传推广和监督管理的职责，其广告宣传、媒介沟通、公众互动等宣传推广活动以及建立平台交易管理规章、处理顾客投诉、处罚违规商户等平台监管行为会为消费者所知晓和了解，使消费者形成关于该平台的品牌知识以及形成相应的品牌联想。同样，外源性产业平台商家的销售、服务等营销活动更直接地让消费者感知平台上的商品质量、商家服务水平和价值，形成对产业平台的整体感知和品牌联想，逐渐形成稳定的整体评价。

捷拉 (Czellar，2003) 认为品牌态度包括认知和情感两种因素，前者是消费者对品牌的认识、评价和理解等，后者是消费者对品牌所持有的如厌恶、喜欢等感性情绪。储和陈 (Chu and Chen，2019) 通过实验研究发现，企业形象可以影响消费者对品牌的态度，当品牌的信息不足或客观特性不易把握时，企业形象对消费行为的影响增大。外源性产业平台企业如果规模大、资金雄厚、拥有较高的知名度，则会给消费者传递出平台企业拥有很强的整体实力和竞争能力的信号。外源性产业平台企业如果具有较高的社会影响力、较好地履行企业社会责任，则会提升消费者的认同、满意、信任。当企业履行慈善责任时，利益相关者可能会认为企业对于社会的关心超过对于企业自身盈利的关心，此时他们会对企业的价值观产生认同，从而提升对企业行为的积极评价（刘凤军和李辉，2017）；企业 CEO 和善、正直、具有责任感的个人形象让利益相关者认为，其在企业管理中同样会保证企业的诚信经营、人性化服务等，从而提升了利益相关者对于企业的感知形象，并积极影响其对于企业的整体评价，进而提高消费者的品牌认知态度（Dirk and Ferrin，2001）。

同样，外源性产业平台企业采取限制劣质卖家进入平台、控制违规交易发生的平台监督管理策略，对卖家资质进行限定、对卖家行为进行规范，建立统一的平台准入条件和商品品质控制标准，提供安全的交易环境，遵循规范的交易程序，不仅能降低卖家投机行为的发生，减少买家甄别商品品质优劣所耗费的时间和精力，进而简化消费者购买决策过程，促进交易安全顺利进行，也能让消费者对平台经营的规范性和平台形象有所认知，形成相应的品牌认知态度（Grewal et al.，2010）。如平台规定，"入驻商家的注册资本必须达到平台企业制定的标准""入驻商家必须为产品提供第三方机构的质量检验报告""入驻商家必须缴纳平台企业要求的保证金""平台买家可凭有效证据向平台企业投诉违规卖家"等，这些监管策略虽然不能通过简化交易程序、降低交易成本及提升交易效率等方式让消费者感知到平台企业具有较强的经营能力、运营能力及竞争力，但能够让消费者感知平台经营的规范性，不担心在交易中正当权益受损。这些策略共同提升了消费者对平台企业整体实力、发展前景的评价，对该平台品牌态度有进一步认知。

商品质量是消费者能直接感受到平台质量的方式（Surjadjaja et al.，2003）。平台卖家进行有效的货源控制，严格商品品质管理，客观描述商品性能，承诺商品质量保证，这些举措既会减少平台退换货行为的发生，降低交易成本，又使买家真正放心购买商品，赢得消费者对平台和卖家的好感和较高的满意度。

沃尔芬巴戈和吉莉（Wolfinbarger and Gilly，2003）认为，交易互动性对顾客满意度的提升也非常重要。邱玮（2012）的研究显示，人际互动质量能够显著地影响消费者品牌态度，进而正向影响消费者的行为意向。平台卖家积极主动提供及时送货和在线客服等服务，使用亲切的语气，及时回复买家的信息，平台卖家和买家进行互动的过程中会产生信息、娱乐、人际效用，这些都有利于消费者拥有愉快、舒适的购物体验，从而更能满足消费者对平台企业的情感预期，促进消费者形成对产业平台喜爱的态度。基于此提出如下假设 H1：

H1：不同的平台主体方的管理策略对消费者品牌态度有显著差异。

H1a：相较于平台卖家的销售策略，平台企业（管理方）的宣传策略和监管策略更能提升消费者对平台品牌认知态度。

H1b：相较于平台企业（管理方）的宣传策略和监管策略，平台卖家的销售策略更能提升消费者对平台品牌情感态度。

（二）外源性产业平台多方主体管理策略与消费者品牌形象感知的关系

比吉尔（Biel，1992）认为品牌形象是消费者心中形成的与品牌名称相联系的品牌联想与属性的集合，品牌形象的形成是消费者对厂商的经营管理活动感知的结果。卡普菲莱尔（Kapferer，1995）认为消费者所接收到的品牌形象，是厂商创造出的品牌形象，经由媒体的传达，传送到消费者的脑海中，在消费者心中形成的品牌形象。卢宏亮和张岩（2016）认为，品牌形象的本质是顾客在外部刺激物的作用下，根据经验、推断、想象而对品牌形成的总体感知。企业的经营行为、营销活动、提供的产品和服务等均向消费者传递一系列与品牌相关的信息，这些信息在被消费者接收并经过自身加工和过滤后，形成消费者对品牌的总体感知和看法。刘国华（2015）认为，消费者对品牌形象的感知包括价值形象感知和社会形象感知，前者反映消费者对该品牌产品属性以及品牌提供的效用和利益的感知，后者是消费者对品牌的社会声誉的感知。

朱延智（2010）提出品牌形象源自消费者的感觉，其感觉是在购买前、购买中以及购买后，由所有与品牌的接触点共同建立而成的。刘国华（2015）认为，顾客与品牌的接触点包括信息传递渠道和行为传递渠道两方面，前者是通过文字、图案、声音等语言符号表达并传播品牌形象，后者是通过员工和企业整体行为传递品牌内涵。

在外源性产业平台中，平台多主体方的管理策略行为同样向平台消费者传递一系列与平台品牌相关的信息，使消费者形成对平台品牌形象的总体感知。外源龙头企业扮演平台管理者和维护者的角色，其产业平台管理策略行为主要有二：一是对平台的宣传推广，如平台品牌标识宣传、平台推广活动、媒体宣传和互动；二是对平台的监督管理，包括建立管理规制，对平台商品和服务质量的认证、检测，承诺平台服务，并对平台各方进行监管，如受理顾客投诉、处理违规平台企业、对受损顾客进行服务补救等。作为外源性产业平台的重要参与方，平台商家向顾客提供产品和服务，满足顾客需要，其在产品和服务质量、定价和销售策略等方面的营销策略行为对消费者的平台形象感知也会产生直接影响。

平台企业（管理方）的宣传策略会提升平台的社会知名度和影响力，会让更多消费者和公众了解平台经营情况和发展前景，认识平台整体实力；平台企业（管理方）的监管策略会让人们认识平台对声誉和社会责任的重视。平台企业（管理方）的宣传和监管策略会让消费者对平台的社会影响力和社会责任及声誉产生积极的品牌联想，对平台品牌的社会形象感知更为显著。而平台卖家的销售策略主要影响消费者对平台商品和服务质量的认知，如对商品品质、成本、交易和服务便利等价值形象的认知，因而会更增进消费者对平台品牌的价值形象感知。

基于上述分析，提出如下假设 H2：

H2：不同的平台主体方的管理策略对消费者品牌形象感知有显著差异。

H2a：相较于平台卖家的销售策略，平台企业（管理方）的宣传策略和监管策略更能提升消费者对平台品牌的社会形象感知。

H2b：相较于平台企业（管理方）的宣传策略和监管策略，平台卖家的销售策略更能提升消费者对平台品牌的价值形象感知。

（三）平台品牌形象感知的中介作用

消费者的品牌态度是在对品牌的认知过程中逐渐形成的（王沛，2008）。多属性态度模型认为消费者对品牌的态度取决于其对品牌的多个属性的评价，以及在评价过程中对品牌的特定属性的感知（即对品牌的信念）。李建裕（2007）认为消费者对特定品牌所持有的信念组合即是品牌形象。消费者对品牌的形象感知对品牌态度产生直接影响（Park et al.，1991）。苏（Su，2021）认为消费者对于某一品牌形象的肯定程度和信任强度，会直接影响其态度及购买意愿。

外源性产业平台多主体方的管理策略影响消费者对平台品牌的属性认知、信念和形象感知，最终形成消费者对平台品牌的态度。外源龙头企业的平台宣传推广、平台监督管理策略和外源性产业平台商家的销售策略会让平台消费者了解平台企业的实力、经营能力以及商品和服务的质量，增强其对平台价值形象的感知，进而影响对平台品牌态度；外源性产业平台多主体方的管理策略也会使消费者对平台的社会知名度和社会声誉的感知加深，影响消费者的品牌态度。品牌形象与消费者的评价和公司的声誉具有显著的正向相关关系，也就是说，品牌形象越好，消费者的评价就越高，此评价即以品牌态度来表现（Cretu and Brodie，2007）。

因此，提出如下假设 H3：

H3：外源性产业平台多主体方的管理策略对消费者的平台品牌态度影响的过程中，平台品牌形象感知起中介作用。

H3a：外源性产业平台多主体方的管理策略对消费者的平台品牌态度影响的过程中，平台品牌社会形象感知起中介作用。

H3b：外源性产业平台多主体方的管理策略对消费者的平台品牌态度影响的过程中，平台品牌价值形象感知起中介作用。

第三节　研究设计

一、调研设计

结合本章的研究目的和内容，使用情景实验法获得数据和进行研究更为适当。根据前面提出的研究假设和研究模型，设计出一定的情景，将被测试者置于这种模拟情景之下，然后填写相关的实验问卷。如本研究中先设计某外源性产业平台的管理方的宣传策略、监管策略和平台卖家的销售策略，然后将这三种管理策略情景材料分别分发给不同的被试者进行阅读，让被试者回答有关平台品牌形象感知和平台品牌态度的相关测量问项，据此得出不同类型管理策略下消费者的品牌形象感知和品牌态度。情景设计中没有用现实生活中真实存在的外源性产业平台来举例，是为了避免因被测试者可能对该产业平台已经存在的正面和负面的感知而产生晕轮效应，从而导致调研结果不准确。已经有许多学者选择使用这种研究方法而且也取得了相当不错的研究成果（汪旭辉和王东明，2018）。问卷最后一个部分是调查对象的基本情况，包括性别、年龄、职业、学历、收入等，该部分量表设置为单项选择。

二、情景设计

根据万达城市广场、海吉星、苏果等多家商贸平台企业的平台宣传、平台监管、卖家销售策略，结合多篇企业报道及对平台购物者的深度访谈，本书对平台企业（管理方）的平台宣传、平台监管和平台卖家销售策略的实验情景进行了开发。为了使被试者不受先前购物经历的影响，以下研究中用平台 A、平台 B、平台 C 来代替具体平台的名称。

第一种情景：外源性产业平台企业（管理方）宣传策略。

某平台是一家主要经营百货和餐饮的外地商贸平台，该平台进入本地，名称为平台 A。A 平台企业（管理方）主要通过以下方式进行宣传：一是通过广告、形象代言人、自媒体宣传等方式对自身的市场地位、优势领域、现有成果进行社会宣传。二是在微博、微信等社交平台上与消费者进行密切互动。三是积极参加本地慈善捐赠等公益活动、为消费者提供所需商品、为员工创造良好的工作环境。四是外部标识设计美观，网站页面布局合理、操作方便。五是为平台企业的管理者塑造良好的形象。

第二种情景：外源性产业平台企业（管理方）监管策略。

某平台是一家主要经营百货和餐饮的外地商贸平台，该平台进入本地，名称为平台 B。B 平台企业（管理方）主要采取了以下监管措施：一是通过要求商家实名认证、提供相关资质清单等方式确认商家的实体身份。二是入驻 B 平台的企业须为所销售产品提供第三方机构的质量检验报告。三是对商品质量实施定期或不定期的抽检。四是入驻该平台的商家需要向平台支付一定数量的保证金，用于保证其按照平台规则经营。五是对产品信息展示和沟通方式进行规定。六是对商家违规和欺诈行为进行惩罚，根据违规行为（如商品描述与实物不符、发布违禁信息、出售假冒商品、违背承诺等）的轻重实施商品下架、支付违约金、冻结或查封账户等惩罚措施。

第三种情景：卖家销售策略。

某平台是一家主要经营百货和餐饮的外地商贸平台，该平台进入本地，名称为平台 C。C 平台的卖家主要采取下列销售措施：一是卖家进行有效的货源控制，商家内部出厂验货、发货检查，对质量进行管理。二是 C 平台卖家所售商品信息描述详细明确，包括款式、颜色、尺寸等，并通过图片、小视频、直播互动等方式进行辅助，保证做到实物与描述相符。三是 C 平台卖家线上和线下服务主动积极，语气亲切，服务态度良好。四是平台卖家承诺发货时间，承诺七天无理由退货。

三、变量的测量

1. 品牌形象感知测量量表

参考众多研究学者的关于品牌形象感知的量表设计，主要是依据丹森（Dacin，1997）、贝伦斯等（Berens et al.，2005）、帕拉休拉曼和格雷瓦尔（Parasuraman and Grewal，2000）、杨晓燕和周懿瑾（2006）、布尔多等（Bourdeau et al.，2013）的量表，对量表中的语言进行了微调，形成适合本研究的品牌形象感知维度的量表。具体如表 6-1 所示。

表 6-1　　　　　　　　品牌形象感知测量量表及来源

变量	标号	测量题项	量表来源
社会形象感知	A1	该平台有良好的成长前景	Dacin（1997）
	A2	该平台具有社会责任感	
	A3	该平台在社会上有较高知名度	
	A4	该平台整体实力雄厚	

变量	标号	测量题项	量表来源
价值形象感知	B1	该平台上的产品物有所值	Parasuraman and Grewal（2000）、杨晓燕和周懿瑾（2006）、Bourdeau et al.（2013）
	B2	该平台上产品的品质值得信赖	
	B3	该平台非常便利	
	B4	该平台有高质量的服务	

2. 品牌态度测量量表

品牌态度能够有效预测消费者的购买行为，本研究中使用的品牌态度测量量表参考了拉弗蒂（Lafferty，2007）、巴戈奇和杜拉克亚（Bagozzi and Dholakia，2006）所使用的量表，对量表中语言进行了微调，具体如表6－2所示。

表6－2　　　　　　　　　　　品牌态度测量量表及来源

变量	标号	测量题项	量表来源
认知态度	C1	该平台很好	Lafferty（2007）、Bagozzi and Dholakia（2006）
	C2	该平台能满足我的要求	
	C3	在该平台购物是值得的	
	C4	在该平台购物是明智的	
情感态度	D1	喜欢该平台	Bagozzi and Dholakia（2006）
	D2	在该平台购物很开心	
	D3	该平台对我是有吸引力的	
	D4	在该平台购物会感到很舒服	

本研究使用的量表包括品牌形象感知、品牌态度两个部分。量表的测量题项是根据前人的研究成果所得成熟量表，结合本研究主体产业平台的特点，经过修正提出的。所有的测量项目都采用李克特（Likert）7级评分法进行打分。每个题项从不同角度提出语句来进行测量，被调查对象可以用"非常不同意""不同意""有点不同意""不确定""有点同意""同意""非常同意"7个描述来表达对题项描述的认可程度，以保证测量的结果能够真实反应消费者的购买心理。为便于进行中介作用检验，问卷在每一种策略情景描述后，让被试者回答对这种策略的评价。

第四节　数据处理与分析

一、描述性统计分析

研究采用情景实验法，被测试者阅读编制好的情景材料后，让被测试者根据情景设计来填写实验问卷。然后对收集到的数据，用 SPSS 等统计软件进行数据处理，并对研究假设进行逐一检验，最后得出本研究相关的研究结论。

本研究先对问卷进行小范围预测试后再通过网络发放，根据平台三种不同的管理策略，每种问卷发放 110 份，一共发放 330 份问卷，收回 328 份，剔除无效问卷后有 319 份有效问卷。其中，平台宣传策略组有效问卷 106 份，平台监管策略组有效问卷 106 份，平台卖家销售组有效问卷 107 份。本次问卷回收率为 99.39%，问卷有效率为 96.67%。

首先，对被调查者的基本信息数据进行描述性统计，包括被调查者的性别、年龄、学历、职业、人均年收入等，统计结果如表 6-3 所示。

表 6-3　　　　　　　　　　样本基本信息统计结果

类别	选项	频数	百分比（%）	累积百分比（%）
性别	男	145	45.5	45.5
	女	174	54.5	100.0
年龄	20 岁及以下	26	8.2	8.2
	21~30 岁	85	26.6	34.8
	31~40 岁	117	36.7	71.5
	41~50 岁	77	24.1	95.6
	51 岁及以上	14	4.4	100.0
学历	大专以下	68	21.3	21.3
	大专	80	25.1	46.4
	本科	101	31.7	78.1
	硕士及以上	70	21.9	100.0

续表

类别	选项	频数	百分比（%）	累积百分比（%）
职业	学生	37	11.6	11.6
	政府事业单位	34	10.7	22.3
	公司企业职员	160	50.1	72.4
	个体经营者	82	25.7	98.1
	其他	6	1.9	100.0
人均年收入	10000 元以下	37	11.6	11.6
	10001～30000 元	37	11.6	23.2
	30001～50000 元	112	35.1	58.3
	50001～80000 元	105	32.9	91.2
	80000 元以上	28	8.8	100.0

由表6－3可知，从男女比例来看，被调查中男女所占百分比分别为45.5%、54.5%。从被调查者的年龄分布来看，20岁及以下人数为26人，占比8.2%；21～30岁的有85人，占比为26.6%；31～40岁的有117人，占比为36.7%；41～50岁的有77人，占比为24.1%；51岁及以上的有14人，占比4.4%。从被调查者的学历情况来看，大专以下学历的为68人，占比21.3%；大专学历的为80人，占比25.1%；本科学历的为101人，占比为31.7%；硕士及以上学历的为70人，占比为21.9%。从被调查者职业来看，学生为37人，占比11.6%。此外，公司企业职员为160人，人数最多，占比50.1%。从被调查者的人均年收入来看，年收入在10000元以下的为37人，占比为11.6%；年收入在10001～30000元的为37人，占比为11.6%；年收入在30001～50000元的为112人，占比为35.1%；年收入在50001～80000元的为105人，占比为32.9%；80000元以上的为28人，占比为8.8%。

二、信度和效度分析

1. 信度分析

本研究利用统计分析软件对问卷中各变量信度以及问卷整体信度进行了分

析，结果如表6-4所示。从表中的数据可以看出，研究模型中各变量的 Cronbach' α 系数均大于 0.8，说明信度高，各问项之间具有较高的内部一致性。此外，修正条款的总相关系数均超过临界值，且删除项目后的值没有发生显著变化，表明研究所用量表通过了信度检验。

表 6-4   Cronbach 信度分析

维度	变量各问项	校正项总计相关性（CITC）	删除项目后的 α 系数	Cronbach' α 系数
社会形象感知	A1	0.853	0.845	0.902
	A2	0.781	0.873	
	A3	0.684	0.905	
	A4	0.806	0.864	
价值形象感知	B1	0.785	0.855	0.892
	B2	0.803	0.846	
	B3	0.694	0.888	
	B4	0.821	0.850	
认知态度	C1	0.636	0.823	0.844
	C2	0.722	0.784	
	C3	0.706	0.791	
	C4	0.662	0.811	
情感态度	D1	0.701	0.923	0.913
	D2	0.845	0.874	
	D3	0.854	0.870	
	D4	0.851	0.871	

2. 效度分析

（1）社会形象感知。首先，对社会形象感知的题项进行 KMO 值和 Bartlett 检验，结果如表6-5所示。社会形象感知的 KMO 值为 0.834，Bartlett 球形检验也达到了显著水平，表示适合进行因子分析。接下来，将检验各个题项的因子载荷，结果如表6-6所示。社会形象感知只提取了一个公共因子，特征值大于1，为 3.091，解释方差为 77.272%，表示社会形象感知这个变量具有合适的方差解释能力。并且社会形象感知各个因子载荷均大于0.8，说明该量表的收敛效度良好。

表6-5　　　　　　　社会形象感知的 KMO 和 Bartlett 检验

KMO 值		0.834
Bartlett 球形度检验	近似卡方	831.948
	df	6
	p 值	0.000

表6-6　　　　　　　　　因子载荷系数

测量题项代码	因子1
A1	0.925
A2	0.896
A3	0.880
A4	0.811
特征值	3.091
解释方差（%）	77.272

（2）价值形象感知。如表6-7所示，价值形象感知的 KMO 值为0.795，Batrtlett 球形检验也达到了显著水平，表示适合进行因子分析。接下来，将检验各个题项的因子载荷，结果如表6-8所示。价值形象感知只提取了一个公共因子，特征值大于1，为3.063，解释方差为76.569%，表示社会形象感知这个变量具有合适的方差解释能力。并且价值形象感知各个因子载荷均大于0.8，说明该量表的收敛效度良好。

表6-7　　　　　　　价值形象感知的 KMO 和 Bartlett 检验

KMO 值		0.795
Bartlett 球形度检验	近似卡方	811.131
	df	6
	p 值	0.000

表6-8　　　　　　　　　　　　　因子载荷系数

测量题项代码	因子1
B1	0.904
B2	0.889
B3	0.885
B4	0.819
特征值	3.063
解释方差（%）	76.569

（3）认知态度。对认知态度的题项进行 KMO 值和 Bartlett 检验，结果如表6-9所示。认知态度的 KMO 值为0.813，Bartlett 球形检验也达到了显著水平，表示适合进行因子分析。接下来，将检验各个题项的因子载荷，结果如表6-10所示。认知态度只提取了一个公共因子，特征值大于1，为2.735，解释方差为68.368%，表示认知态度这个变量具有合适的方差解释能力。并且认知态度各个因子载荷均大于0.8，说明该量表的收敛效度良好。

表6-9　　　　　　　认知态度的 KMO 和 Bartlett 检验

KMO 值		0.813
Bartlett 球形度检验	近似卡方	511.562
	df	6
	p 值	0.000

表6-10　　　　　　　　　　　　因子载荷系数

测量题项代码	因子1
C1	0.855
C2	0.844
C3	0.815
C4	0.802
特征值	2.735
解释方差（%）	68.368

（4）情感态度。如表 6 – 11 所示，情感态度的 KMO 值为 0.823，Bartlett 球形检验也达到了显著水平，表示适合进行因子分析。接下来，将检验各个题项的因子载荷，结果如表 6 – 12 所示。情感态度只提取了一个公共因子，特征值大于 1，为 3.201，解释方差为 80.031%，表示情感态度这个变量具有合适的方差解释能力。并且情感态度各个因子载荷均大于 0.8，说明该量表的收敛效度良好。

表 6 – 11　　　　　　　　情感态度的 KMO 和 Bartlett 检验

KMO 值		0.823
Bartlett 球形度检验	近似卡方	980.396
	df	6
	p 值	0.000

表 6 – 12　　　　　　　　因子载荷系数

测量题项代码	因子 1
D1	0.918
D2	0.918
D3	0.916
D4	0.823
特征值	3.201
解释方差（%）	80.031

三、方差分析

1. 三种平台主体策略对平台品牌态度（认知态度和情感态度）的方差分析

品牌认知态度和品牌情感态度的方差齐性检验结果如表 6 – 13 所示。

表 6 – 13　　　　　　　　方差齐性检验

	Levene 统计量	分子自由度	分母自由度	显著性
认知态度	2.678	2	316	0.070
情感态度	3.157	2	316	0.044

从表 6 – 13 可知，就"认知态度"检验变量而言，Levene 统计量的 F 值为 2.678，p 值为 0.070，大于 0.05，方差差异未达显著，未违反方差齐性假定，可放心使用方差分析。"情感态度"Levene 统计量的 F 值为 3.157，p 值为 0.044，方差差异虽未达显著，但基本接近 0.05 显著水平，可进行方差分析。

利用方差分析（全称为单因素方差分析）去研究策略类型对于认知态度的差异性，从表 6 – 14 可知，平台三种策略类型样本对于认知态度方差显著性 p 值为 0.002（＜0.05），意味着任何两组策略的认知态度平均数间存在显著差异。

表 6 – 14   认知态度的方差分析

	平方和	df	均方	F	P
组间	4.253	2	2.127		
组内	108.393	316	0.343	6.200	0.002
总计	112.647	318			

利用方差分析去研究策略类型对于情感态度项的差异性，从表 6 – 15 可知，不同策略类型样本对于情感态度均呈现出显著性（F = 168.679，p = 0.000），意味着不同策略类型样本对于认知态度均有着差异性。

表 6 – 15   情感态度的方差分析

	平方和	df	均方	F	P
组间	104.063	2	52.032		
组内	97.475	316	0.308	168.679	0.000
总计	201.539	318			

对于三种平台主体策略类型间的认知态度和情感态度的级别间差异，还需要进一步配对分析，要进行事后多重比较分析。雪费法（Scheffe's method）是事后比较方法中最严格的一种多重比较分析法，适合方差分析整体检验的 F 值达到显著的情形，因此本书使用雪费法进行多重比较分析，结果如表 6 – 16 所示。

表 6 – 16   多重比较

因变量	（I）平台策略	（J）平台策略	平均差异（I－J）	标准误	显著性	95% 置信区间	
						下限	上限
认知态度	1	2	－ 0. 12736	0. 08045	0. 287	－ 0. 3252	0. 0705
		3	0. 15478	0. 08026	0. 157	－ 0. 0426	0. 3522
	2	1	0. 12736	0. 08045	0. 287	－ 0. 0705	0. 3252
		3	0. 28214 *	0. 08026	0. 002	0. 0847	0. 4795
	3	1	－ 0. 15478	0. 08026	0. 157	－ 0. 3522	0. 0426
		2	－ 0. 28214 *	0. 08026	0. 002	－ 0. 4795	－ 0. 0847
情感态度	1	2	－ 0. 09434	0. 07629	0. 466	－ 0. 2820	0. 0933
		3	－ 1. 25414 *	0. 07611	0. 000	－ 1. 4413	－ 1. 0670
	2	1	0. 09434	0. 07629	0. 466	－ 0. 0933	0. 2820
		3	－ 1. 15980 *	0. 07611	0. 000	－ 1. 3470	－ 0. 9726
	3	1	1. 25414 *	0. 07611	0. 000	1. 0670	1. 4413
		2	1. 15980 *	0. 07611	0. 000	0. 9726	1. 3470

* 表示平均值差值的显著性水平为 0.05；策略中 1 表示平台宣传策略，2 表示平台监管策略，3 表示卖家销售策略。

由表 6 – 16 可知，就"认知态度"的多重比较来看，平台监管策略与卖家销售策略平均数差异的 95% 置信区间为（0.0847，0.4795），（－0.4795，－0.0847），并未包含 0，说明两者平均差异值的差异达到显著；而平台宣传策略与卖家销售策略平均数差异的 95% 置信区间为（－0.0426，0.3522），（－0.3522，0.0426），中间包含 0，两者平均差异值的差异未达到显著。

就"情感态度"的多重比较来看，平台宣传策略与卖家销售策略平均数差异的 95% 置信区间为（－1.4413，－1.0670），（1.0670，1.4413），并未包含 0，两者平均差异值的差异达到显著。平台监管策略与卖家销售策略平均数差异的 95% 置信区间为（－1.3470，－0.9726），（0.9726，1.3470），并未包含 0，说明两者平均差异值的差异达到显著。

因而，H1 得到验证（H1a 部分得到验证，H1b 全部得到验证），三种平台主体策略下的认知态度和情感态度的平均值如图 6 – 2 和图 6 – 3 所示（横轴中 1 表示平台宣传策略，2 表示平台监管策略，3 表示卖家销售策略）。

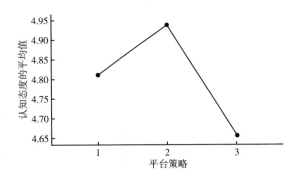

图6－2　三种平台主体策略下的认知态度平均值

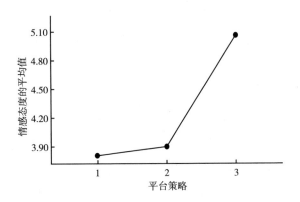

图6－3　三种平台主体策略下的情感态度平均值

由图6－2可知，平台宣传策略组的认知态度平均值为4.8113，平台监管策略组的认知态度平均值为4.9387，卖家销售策略组的认知态度平均值为4.6565，卖家销售策略组的认知态度平均值最低。由图6－3可知，平台宣传策略组的情感态度平均值为3.8066，平台监管策略组的情感态度平均值为3.9009，卖家销售策略组的情感态度平均值为5.0607，卖家销售策略组的情感态度平均值最高。

2. 三种平台主体策略对平台品牌形象感知（社会形象感知和价值形象感知）的方差分析

平台品牌的社会形象感知和价值形象感知的方差齐性检验结果如表6－17所示。

表6-17　　　　　　　　　　　方差齐性检验

	Levene 统计量	自由度 1	自由度 2	显著性
社会形象感知	2.732	2	316	0.062
价值形象感知	2.658	2	316	0.074

从表6-17可知，就"社会形象感知"检验变量而言，Levene 统计量的 F 值为2.732，p 值为0.062，大于0.05，方差差异未达显著，未违反方差齐性假定，可放心使用方差分析。"价值形象感知"Levene 统计量的 F 值为2.658，p 值为0.074，大于0.05，方差差异未达显著，未违反方差齐性假定，可进行方差分析。

利用方差分析去研究策略类型对于社会形象感知项的差异性，从表6-18可知，平台三种策略类型样本对于社会形象感知呈现出显著性（F = 3.519，p = 0.031），意味着任何两组策略的认知态度平均数间存在显著差异。

表6-18　　　　　　　　　社会形象感知的方差分析

	平方和	df	均方	F	P
组间	3.304	2	1.652		
组内	148.327	316	0.469	3.519	0.031
总计	151.630	318			

利用方差分析去研究策略类型对于价值形象感知项的差异性，从表6-19可知，不同策略类型样本对于价值形象感知全部均呈现出显著性（F = 38.243，p = 0.000），意味着不同策略类型样本对于价值形象感知均有着差异性。

表6-19　　　　　　　　　价值形象感知的方差分析

	平方和	df	均方	F	P
组间	34.609	2	17.304		
组内	142.986	316	0.452	38.243	0.000
总计	177.595	318			

对于三种平台主体策略类型间的社会形象感知和价值形象感知的级别间差异，还需要进一步配对分析，要进行事后多重比较分析。运用显著差异法（HSD 法）和雪费法进行多重比较分析，结果如表 6 - 20 所示。

表 6 - 20 多重比较

因变量	(I)平台策略	(J)平台策略	平均差异(I－J)	标准误	显著性	95% 置信区间 下限	95% 置信区间 上限
社会形象感知 HSD	1	2	－ 0.01415	0.09411	0.881	－ 0.1993	0.1710
		3	0.20812 *	0.09389	0.027	0.0234	0.3928
	2	1	0.01415	0.09411	0.881	－ 0.1710	0.1993
		3	0.22227 *	0.09389	0.019	0.0375	0.4070
	3	1	－ 0.20812 *	0.09389	0.027	－ 0.3928	－ 0.0234
		2	－ 0.22227 *	0.09389	0.019	－ 0.4070	－ 0.0375
价值形象感知 雪费	1	2	－ 0.45283 *	0.09240	0.000	－ 0.6801	－ 0.2256
		3	－ 0.80422 *	0.09218	0.000	－ 1.0309	－ 0.5775
	2	1	0.45283 *	0.09240	0.000	0.2256	0.6801
		3	－ 0.35139 *	0.09218	0.001	－ 0.5781	－ 0.1247
	3	1	0.80422 *	0.09218	0.000	0.5775	1.0309
		2	0.35139 *	0.09218	0.001	0.1247	0.5781

注：* 表示平均值差值的显著性水平为 0.05；策略中 1 表示平台宣传策略，2 表示平台监管策略，3 表示卖家销售策略。

由表 6 - 20 可知，就"社会形象感知"的多重比较来看，平台宣传策略与卖家销售策略平均数差异的 95% 置信区间为（0.0234，0.3928），（－0.3928，－0.0234），中间不包含 0，两者平均差异值的差异达到显著（p = 0.027）。平台监管策略与卖家销售策略平均数差异的 95% 置信区间为（0.0375，0.4070），（－0.4070，－0.0375），中间不包含 0，说明两者平均差异值的差异达到显著（p = 0.019）。

就"价值形象感知"的多重比较来看，平台宣传策略与卖家销售策略平均数差异的 95% 置信区间为（－1.0309，－0.5775），（0.5775，1.0309），并未包含 0，两者平均差异值的差异达到显著（p = 0.027）。平台监管策略与卖家销售策略平均数差异的 95% 置信区间为（-0.5781， -0.1247），（0.1247，0.5781），并未包含 0，说明两者平均差异值的差异达到显著（p =0.001）。

　　因而，假设 H2 得到验证（假设 H2a 和假设 H2b 全部得到验证），三种平台主体策略下的社会形象感知和价值形象感知的平均值如图 6 - 4 和图 6 - 5 所示（横轴中 1 表示平台宣传策略，2 表示平台监管策略，3 表示卖家销售策略）。

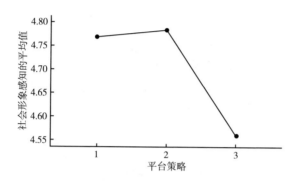

图 6 - 4　三种平台主体策略下的社会形象感知平均值

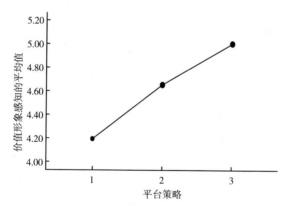

图 6 - 5　三种平台主体策略下的价值形象感知平均值

　　由图 6 - 4 可知，平台宣传策略组的社会形象感知平均值为 4.7689，平台监管策略组的社会形象感知平均值为 4.7830，卖家销售策略组的社会形象感知平均值为 4.5607，卖家销售策略组的社会形象感知平均值最低。由图 6 - 5 可知，平台宣传策略组的价值形象感知平均值为 4.1981，平台监管策略组的价值形象感知平均值为 4.6509，卖家销售策略组的价值形象感知平均值为 5.0023，卖家销售策略组的价值形象感知平均值最高。

四、中介作用分析

本书运用 SPSS 的 Process 程序进行 Bootstrap 中介变量检验，样本量选择 5000，构造 95% 的置信区间。对平台品牌社会形象感知和价值形象感知的中介作用分别进行检验，检验过程和结果如下。

1. 平台品牌社会形象感知的中介作用分析

（1）平台多主体管理策略对平台品牌社会形象感知的影响

实证检验平台多主体管理策略和平台品牌社会形象感知的相关关系并进行回归分析，结果如表 6 – 21 和表 6 – 22 所示。

表 6 – 21　　　　　　　　　　　相关系数和 F 值

R	R – sq	MSE	F	df1	df2	p
0.8210	0.6740	0.1559	655.3433	1.0000	317.0000	0.0000

表 6 – 22　　　　　平台多主体管理策略对社会形象感知的回归分析

	coeff	se	t	p	LLCI	ULCI
constant	1.4710	0.1282	11.4739	0.0000	1.2187	1.7232
平台多主体管理策略	0.6413	0.0251	25.5997	0.0000	0.5920	0.6906

从表 6 – 21 可知，平台多主体管理策略和社会形象感知显著正相关（R = 0.8210，F = 655.3433，p = 0.0000）。由表 6 – 22 可知，在平台多主体管理策略对社会形象感知的回归分析中，置信区间为 [0.5920，0.6906]，置信区间不包含 0，说明平台多主体管理策略对社会形象感知的正向影响显著。

（2）平台多主体管理策略、平台品牌社会形象感知对平台品牌态度的影响

实证检验平台多主体管理策略、平台品牌社会形象感知和平台品牌态度的相关关系并进行回归分析，结果如表 6 – 23 和表 6 – 24 所示。

表 6 - 23   相关系数和 F 值

R	R - sq	MSE	F	df1	df2	p
0.8425	0.7098	0.1042	386.3664	2.0000	316.0000	0.0000

表 6 - 24   平台多主体管理策略、平台品牌社会形象感知
对平台品牌态度的回归分析

	coeff	se	t	p	LLCI	ULCI
constant	1.5019	0.1247	12.0472	0.0000	1.2567	1.7472
平台多主体管理策略	0.4925	0.0359	13.7323	0.0000	0.4219	0.5631
平台品牌社会形象感知	0.1160	0.0459	2.5264	0.0120	0.0257	0.2063

从表 6 - 23 可知,平台多主体管理策略和平台品牌社会形象感知显著正相关 ($R = 0.8425$,$F = 386.3664$,$p = 0.0000$)。由表 6 - 24 可知,在平台多主体管理策略和平台品牌社会形象感知对平台品牌态度影响的回归分析中,平台多主体管理策略和平台品牌社会形象感知的置信区间分别为〔0.4219,0.5631〕和〔0.0257,0.2063〕,置信区间均不包含 0,说明平台多主体管理策略和平台品牌社会形象感知对平台品牌态度的正向影响显著,平台品牌社会形象感知在平台多主体管理策略对平台品牌态度影响过程中具有中介作用。

平台品牌社会形象感知在平台多主体管理策略对平台品牌态度影响过程中的中介效应 Bootstrap 分析结果如表 6 - 25 所示。

表 6 - 25   平台品牌社会形象感知的中介效应 Bootstrap 分析

	Effect 效应值	se Boot 标准误	t	p	LLCI Boot CI 下限	ULCI Boot CI 上限
直接效应	0.4925	0.0359	13.7323	0.0000	0.4219	0.5631
间接效应	0.0744	0.0280			0.0204	0.1310

从表 6 - 25 可知,平台品牌社会形象感知在平台多主体管理策略对平台品牌态度影响过程中的中介效应为 0.0744,置信区间为〔0.0204,0.1310〕,置信区间不包含 0,说明这一中介关系是显著的,H3a 得到验证和支持。

2. 平台品牌价值形象感知的中介作用分析

(1) 平台多主体管理策略对平台品牌价值形象感知的影响

实证检验平台多主体管理策略和平台品牌价值形象感知的相关关系并进行

回归分析，结果如表6-26和表6-27所示。

表6-26 相关系数和 F 值

R	R - sq	MSE	F	df1	df2	p
0.7520	0.5655	0.2434	412.4973	1.0000	317.0000	0.0000

表6-27 平台多主体管理策略对平台品牌价值形象感知的回归分析

	coeff	se	t	p	LLCI	ULCI
constant	1.4137	0.1602	8.8258	0.0000	1.0986	1.7289
平台多主体管理策略	0.6357	0.0313	20.3100	0.0000	0.5742	0.6973

从表6-26可知，平台多主体管理策略和平台品牌价值形象感知显著正相关（R = 0.7520，F = 412.4973，p = 0.0000）。由表6-27可知，在平台多主体管理策略对平台品牌价值形象感知的回归分析中，置信区间为 [0.5742，0.6973]，置信区间不包含0，说明平台多主体管理策略对平台品牌价值形象感知的正向影响显著。

（2）平台多主体管理策略、平台品牌价值形象感知对平台品牌态度的影响

实证检验平台多主体管理策略、平台品牌价值形象感知和平台品牌态度的相关关系并进行回归分析，结果如表6-28和表6-29所示。

表6-28 相关系数和 F 值

R	R - sq	MSE	F	df1	df2	p
0.9143	0.8359	0.0589	805.0235	2.0000	316.0000	0.0000

表6-29 平台多主体管理策略、平台品牌价值形象感知

对平台品牌态度的回归分析

	coeff	se	t	p	LLCI	ULCI
constant	1.0497	0.0879	11.9368	0.0000	0.8767	1.2227
平台多主体管理策略	0.2868	0.0234	12.2800	0.0000	0.2409	0.3328
平台品牌价值形象感知	0.4406	0.0276	15.9474	0.0000	0.3862	0.4949

从表 6-28 可知，平台多主体管理策略和平台品牌价值形象感知显著正相关（R = 0.9143，F = 805.0235，p = 0.0000）。由表 6-29 可知，在平台多主体管理策略和平台品牌价值形象感知对平台品牌态度影响的回归分析中，平台多主体管理策略和平台品牌价值形象感知的置信区间分别为 [0.2409，0.3328] 和 [0.3862，0.4949]，置信区间均不包含 0，说明平台多主体管理策略和平台品牌价值形象感知对平台品牌态度的正向影响显著，平台品牌价值形象感知在平台多主体管理策略对平台品牌态度影响过程中具有中介作用。

平台品牌价值形象感知在平台多主体管理策略对平台品牌态度影响过程中的中介效应 Bootstrap 分析结果如表 6-30 所示。

表 6-30　　　　平台品牌价值形象感知的中介效应 Bootstrap 分析结果

	Effect 效应值	se Boot 标准误	t	p	LLCI Boot CI 下限	ULCI Boot CI 上限
直接效应	0.2868	0.0234	12.2800	0.0000	0.2409	0.3328
间接效应	0.2801	0.0273			0.2285	0.3364

从表 6-30 可知，平台品牌价值形象感知在平台多主体管理策略对平台品牌态度影响过程中的中介效应为 0.2801，置信区间为 [0.2285，0.3364]，置信区间不包含 0，说明这一中介关系是显著的，H3b 得到验证和支持。

第五节　研究结论与启示

一、研究结论

外源性产业平台的本质在于外源平台企业和平台卖家共创价值，向平台买家提供满意的产品和服务。因此，平台买家对外源性产业平台的品牌态度，既包括对外源平台企业的品牌态度，也包括对平台卖家的品牌态度。所以本书研究在"平台企业—平台卖家—平台买家"三方市场情境下外源性产业平台多主体管理策略（平台的宣传策略、监管策略以及平台卖家的销售策略）对于消费者品牌态度差异化的影响。通过实证分析，本书得出以下结论：

（1）外源性产业平台多主体管理策略对消费者平台品牌态度有显著的差

异化影响。平台监管策略和平台宣传策略更能影响消费者对平台品牌的认知态度，平台卖家的销售策略更能影响消费者对平台品牌的情感态度。

（2）外源性产业平台多主体管理策略对消费者品牌形象感知有显著的差异化影响。平台宣传策略和平台监管策略更能影响消费者对平台的社会形象感知，平台卖家的销售策略更能影响消费者对平台的价值形象感知。

（3）消费者品牌形象感知在外源性产业平台多主体管理策略对消费者平台品牌态度的影响中起中介作用。在外源性产业平台多主体管理策略对消费者平台品牌态度的影响中，消费者的平台品牌社会形象感知和价值形象感知均发挥中介作用。

二、启示

随着大量平台型组织的出现，平台经济已成为经济发展中的突出现象，产业平台正成为引领新经济时代的重要经济体。在经济发展中，各地十分重视利用外部资源推动当地产业升级和经济增长。产业平台是一个多主体共生的组织形态，平台龙头企业和平台参与企业互惠共生，实现平台的价值创造。近年来，外源性产业平台在各地快速发展，如义乌小商品城集团、大连万达集团、深圳上谷集团、中国同源公司、江苏凤凰出版集团在多地建立的商贸、文化产业平台，有力促进了当地经济的发展。外源性产业平台作为多主体参与地方经济发展的新载体，改变了以往地方政府依靠园区和展会招商的简单模式，日益成为各地政府提升经济发展质量、实现产业转型发展和重塑竞争优势的重要手段。

第一，外源性产业平台应重视平台不同主体方的管理策略对消费者品牌态度的差异化影响，构建系统性和针对性的管理策略体系。

外源性产业平台企业应根据平台宣传策略、平台监管策略和平台卖家销售策略的不同作用，构建有针对性的管理策略体系。外源性产业平台新进某地，在经营初期，当地消费者尚未形成对平台的品牌态度，如果消费者对品牌认知态度不高，那么平台管理方应重点加大平台品牌宣传，提升平台知名度。同时，平台管理方要加强对平台的监管，如通过技术优势与管理优势提高卖家准入门槛，建立严格的商品品质监控和交易行为规范制度，树立"有能力维护交易秩序"的形象，以增强平台消费者对平台质量和信誉的认知。如果消费者情感态度一般，外源性产业平台应通过帮助平台卖家增强销售策略，如通过员工培训和内部管理提高售后响应速度，来提升售后服务质量，加强和平台消费者的联系和沟通，提升消费者对商户及平台的好感，培养消费者对平台品牌的信任。

外源性产业平台管理方应设计系统性的管理策略，有效影响消费者对平台品牌的认知态度和情感态度，扩大平台影响力。在外源性产业平台发展初始阶段，消费者对平台较为陌生，对平台品牌的认知度较低，平台管理方要投入更多资源、运用多种途径，加强平台品牌宣传和平台形象塑造。在平台品牌宣传方面，要充分利用大众媒体，在传播中突出外源龙头企业的声誉优势，彰显平台实力，以尽快提高平台知名度，增强平台认知度；在平台形象塑造方面，要强化平台监管，重视平台经营质量，严控商品品质，严格规范平台商家经营行为，以在平台建立之初就建立起良好的平台声誉形象。

在外源性产业平台稳定发展阶段，消费者对平台品牌的认知态度趋于稳定，平台管理方要注重影响消费者的情感态度，要在平台经营和服务环节采取有力措施。由于平台商家直接面向消费者提供商品和服务，平台商家是影响消费者平台品牌感知和态度的重要因素，平台管理方要充分发挥平台商家对消费者的影响。平台管理方要有效激励平台商家采取灵活有效的促销方式吸引顾客购买，运用线上和线下结合的形式提供多样化和便利化的服务，加强和顾客互动沟通。平台管理方要积极鼓励平台商家将更多资源投入销售和服务方面，向平台消费者提供质量可靠的商品和完善周到的服务，在和消费者接触过程的每一个联结点给顾客很好的体验，向消费者提供更大的感知价值，提升消费者对平台商家和平台的情感态度。

第二，外源性产业平台应培养消费者对平台的品牌情感。

消费者的品牌态度形成既是理性的、主动决策的过程，也是主观色彩浓厚的情感变化过程。了解消费者对品牌的情感性态度能够较准确预测其购买行为，消费者对品牌的积极情感是影响购买决策过程的积极情绪因素和引发购买的内在潜力。外源性产业平台要充分运用各种有形和无形的因素，营造良好的环境氛围和愉悦的购物体验，培养消费者的积极情绪，加深消费者对平台品牌的心理情感，提升消费者对平台的认同。外源性产业平台不仅要在理性层面，通过规范平台经营，履行社会责任，提升平台品质，增强消费者对平台的好感和信心。外源性产业平台还要在感性层面，重视人性化服务和顾客关怀，通过提供更贴心的服务，让消费者从心理上感到愉悦，发自内心地喜爱平台品牌。外源性产业平台要加强和消费者互动沟通，拉近消费者与品牌的距离，增强消费者对品牌的情感联系，提升消费者对品牌的总体评价。外源性产业平台要重视运用企业微信、企业微博等社交工具，发展平台的品牌社群，在虚拟社区活跃与消费者的交流，增加消费者的身份认同，增强用户黏性，提升消费者的平台品牌情感。

第三，外源性产业平台应提升消费者对平台的品牌形象感知。

企业形象受到企业规模、历史、市场份额、员工形象、企业社会责任等客观因素的影响，这种影响往往是伴随着企业的成长，是一个漫长的积累过程。外源性产业平台品牌形象的积累应贯穿在平台经营全过程中。外源性产业平台要运用整合传播手段，结合传统的传播媒介和新兴媒体，全方位、立体化宣传平台形象，突出平台的业务功能、经营特色和竞争优势。外源性产业平台要提供特色的产品和服务，对自身品牌进行合适的定位，在业务上打造自己的核心竞争力。外源性产业平台要积极履行企业的社会责任，主动发起和积极参与社会公益活动，提升平台社会声誉，增进公众对平台的形象感知。

同时，外源性产业平台加强平台监控也是提升平台品牌形象感知的重要手段。平台管理企业应当建立有效的产品质量监督控制系统，坚决杜绝假冒伪劣产品，保证产品质量，满足消费者对产品的预期。由于平台卖家众多，提供的同类商品往往具有很大的同质性，因而高质量的服务水平是平台提高消费者品牌形象感知的有效方式。平台管理企业和卖家在服务上应当更注重人性化，完善售前售后服务，增强用户体验。

第七章

外源性产业平台品牌发展策略

第一节　促进外源性产业平台构建的策略建议

一、地方政府层面

（一）培育良好的区域环境，增强区域吸引力

作为行业领导者，龙头企业在产业平台发展中发挥重要引领作用。根据外源性产业平台品牌形成机理，在消费者对一个产业平台不是很了解和熟悉的情况下，外源龙头企业的品牌形象能起到很好的首因作用。能否吸引到有较大影响力的外源龙头企业对于地方利用产业平台促进经济发展和产业升级有重要影响。如能吸引规模大、实力强的外源龙头企业，能充分利用其企业声誉和品牌形象所产生的溢出效应，可以为外源性产业平台的建立和发展奠定良好的基础条件。

地方政府要培育良好的区域环境，挖掘当地自然或历史文化等资源禀赋，充分依托当地的资源优势和产业特色，制定科学的产业发展规划。政府要统筹规划，加强引导，优化当地经济发展布局和产业结构，为外源性产业平台引入营造良好的宏观政策环境。政府要通过制度创新来充分发挥政府的主动引导作用，主动和与当地产业发展方向和产业战略规划契合的外源性龙头企业接洽。

（二）尊重市场规律，主动引导外源龙头企业入驻

产业平台的形成和发展有不同的模式，但归根结底，生产市场和消费市场

是平台形成的基本条件，资源聚集和产业协同是平台形成的内在动力。外源性产业平台要遵循市场经济内在发展规律。在外源性产业平台形成和发展过程中，要将市场自发演进和政府主动引导两种方式有机结合，发挥市场和政府两种力量的作用。虽然这两种力量所起的作用不尽相同，但在平台发展的不同阶段应视不同情况有所侧重，共同推动平台建立和运行发展。产业平台的发展需要政府与市场合作。政府要遵循市场原则和市场规则，对产业平台及关联企业进行培育、扶持、有效监管和提供有力保障，既要发挥政府这只"有形的手"的作用，又要注意不能采取行政干预的做法，强行将关联方扭接成平台。在外源性产业平台发展的初级阶段，政府可主动发挥引导甚至主导作用。积极招商引资，宣传当地资源、优势便利条件和经济政策。运用政府引导，利用优势资源和市场环境吸引外源龙头企业，推动产业平台的建立。在配套基础设施建设方面，可先期投入，为外源企业入驻创造条件。

（三）转变管理思维，加强平台公共服务指导

转变地方政府和行业组织的平台管理思维，关注平台型新型业态的创新发展，及时掌握外源性平台企业的政策诉求，推进平台公共服务创新，为产业平台企业切实解决一些现实问题。地方政府要出台专门的地方性平台经济发展扶持政策，充分考虑当地的外源性产业平台的运作特点和运营模式，加强对平台企业的宏观产业规划、财政扶持力度和行业服务指导。要根据产业平台发展阶段出台更有针对性的配套扶持措施。对于刚刚起步发展、商业模式尚未成熟的产业链服务平台企业，地方政府应在市场培育、资本运作、产业链配套网络和市场渠道拓展等领域加大扶持力度，如扩大产业平台的融资担保、鼓励本地大型企业或服务机构参股投资，拓展平台的社会关系网络；对于商业模式相对成熟、处于成长阶段的产业平台，地方政府则要放宽对其业务流程的监管，在开拓市场渠道、深化专业配送物流设施建设等领域，加大对其专项财政扶持和信贷融资支持。鼓励外源龙头企业和政府财政引导基金合作，设立产业平台发展投资基金，加大对产业平台和行业研究机构及行业配套服务商等产业链关联主体的合作、共享、共建活动的投资，鼓励平台企业之间以及平台企业与关联服务主体之间的合作交流，为产业平台拓展更大范围、更深层次的社会关系网

络，提高产业平台获取和转换内外优势资源的动态能力，充分发展产业平台网络外部性优势，推进外源性产业平台做大做强，进而实现本地关联产业的整体转型升级。

二、外源性龙头企业层面

（一）制定明确的产业平台战略，突出独特的平台价值主张

外源性龙头企业要根据自身发展目标和经营战略规划，选择合适的目标区域建立外源性产业平台，实现企业扩张和壮大企业实力。外源性产业平台能否成功建立，关键要看其平台价值主张是否得到市场和平台关联方的认同。只有地方政府认同平台价值主张，认为产业平台的业务经营和当地产业发展战略和政策契合，能促进地方经济发展，才会有意愿合作，提供区域资源和政策优惠；也只有平台参与企业认同平台价值主张，认可平台商业模式和运营方式，确定加入平台后能有利于自身发展和共同获益，才会加盟平台。地方政府和平台参与企业更是从平台价值主张中看出平台如何为最终顾客提供价值和利益，判断平台是否具有市场吸引力和成功可能性。如果缺乏清晰的产业平台战略，平台价值主张模糊、不清晰，外部各关联方就难以作出准确的判断和合理的决策，外源性产业平台建立就缺乏基础。

（二）充分展现产业平台功能，增强合作者信心

外源性龙头企业要充分意识到产业平台是一个多方合作、共创共享的生态圈。无论是双边平台还是多边平台，只有吸引各方不断进入，使平台呈现聚集效应，平台才能建立起来。外源性龙头企业应充分展现产业平台功能，描绘平台发展目标和愿景，突出平台运营特色和优良服务，增强平台吸引力。外源性龙头企业要以愿景、信任和优良的服务增强平台关联方的信心，吸引关联、配套企业加入，使平台更早地显现出聚集效应。在展现产业平台功能时，要强调外源性龙头企业拥有的强大资源、竞争优势和品牌影响，这些是平台功能背后的坚强实力支撑，可以增强合作者信心。

（三）树立合作意识，激发平台网络效应

外源性龙头企业要有长期发展、合作共赢的理念，要摒弃急功近利的短期利润思维，注意培育合作伙伴，吸引关联、配套企业共建平台，做大产业平台供方网络。在吸引关联方时，要注意激发网络效应，要考虑优先吸引哪类关联方，利用同边网络效应，增强跨边网络效应。在产业平台形成阶段，外源性龙头企业可将供应方关联企业设置为"补贴方"，通过提供补贴优惠、增值服务等，吸引供应方关联企业加入。供应方关联企业的加入，又会吸引其他关联企业入驻平台，不断加强同边网络效应。同边网络规模的不断壮大，又会产生跨边网络效应，吸引消费者的加入。这样，关联企业和消费者的不断加入，促进了平台生态圈的良性发展。

（四）积极提升外源龙头企业的能力和履行企业社会责任

外源龙头企业品牌联想会积极影响消费者对产业平台的品牌态度。外源龙头企业要重视提升企业能力和履行企业社会责任。一方面，外源龙头企业要不断提升经营能力和市场竞争能力，扩大在业界的影响力，刺激消费者对其企业能力产生联想。另一方面，积极参与平台所在地的公益事业和慈善活动，基于企业捐赠、员工责任以及社会公益等方式来激发消费者的企业社会责任联想。消费者对企业产生更高的企业社会责任联想，又进一步提升其对企业能力的认可和联想，这样会赢得消费者对企业心理层面的支持、尊重和欣赏，这种基于龙头企业的品牌联想导致消费者对平台品牌的积极态度。

（五）加强外源龙头企业形象宣传和品牌管理

外源龙头企业要重视企业品牌联想不同维度对提升消费者态度的作用，有针对性地进行有效的品牌管理。外源性产业平台品牌管理的目标是提高消费者对产业平台品牌的积极评价，促进平台经营绩效的提升。外源龙头企业不仅要重视企业能力联想和企业社会责任联想对消费者品牌态度的影响，还应该考虑这两者对消费者的认知态度和情感态度的不同影响，将基于消费者的企业能力联想和企业社会责任联想这两种方式有机结合起来，提高产业平台品牌管理绩

效。这意味着外源龙头企业要同时注重提升企业能力和履行社会责任，加强对这两方面的投资，促进两方面的发展，不可偏颇或忽视其中一方，任何一方的缺失均会使平台难以获得消费者的认同，不利于消费者积极态度的形成。同时，外源龙头企业还要重视企业形象宣传和加强消费者沟通，积极展示企业能力，让消费者对企业的产品质量、服务品质和经营能力有充分了解。外源龙头企业要强化企业社会责任与企业能力"双赢"理念的宣传，在实施和履行企业社会责任活动的同时，注重企业能力的展示。通过这两个企业形象维度的有机结合来刺激和强化消费者的认同，将其内化为消费者积极的平台品牌态度。

第二节　多主体协同共创外源性产业平台价值的策略建议

一、高效协同，提升外源性产业平台运营效率

协同是平台专业化发展的关键。产业平台是以价值共创、共享为核心，平台起中介作用，通过流程和资源互动实现各关联方需求，将传统商业模式中以上中下游区分供应商端和顾客端的逻辑，转变为多种参与主体共同扮演顾客、供应商、合作伙伴等多种角色的逻辑。一是平台主体角色协同。每一方参与者既是顾客又是资源供应者，平台管理运营方必须基于平台各主体的多重角色制定关系管理和合作机制。二是平台产业链协同。产业平台要通过优化供应链的流程、提供供应链的信息服务来创造平台价值。平台主体间的良好协同，包括产业链上的协同、平台关联企业间的协同、当地政府和产业平台及企业的协同。三是平台经营流程协同。平台业务运营、技术保障、服务支持和数据监测分析等各流程要密切衔接，高效协同，确保平台运营效率，以平台高效率创造高价值。在流程协同过程中，各阶段要依据科学合理的逻辑进行运筹排序，实现各阶段全面协同，使平台各主体的资源得到合理安排与调用，平台各主体能力和潜力得到充分发挥。四是平台机制功能协同。平台要建立稳定的合作机制、高效的激励机制和规范的治理机制，以保证平台运营有序、高效。在构建平台机制的过程中，要以认同平台核心价值主张为基础，充分尊重和理解各方

主体的利益诉求，重视各自存在的差异性，构建以制度为基础的争端解决机制和相互促进的信任机制，让良好的平台机制保障平台运营和发展。

二、共赢发展，促进产业平台价值链整体增值

坚持平台多方主体共赢发展模式，坚持产业平台价值链整体增值导向，在平台自身获得盈利增长的同时，也应积极拓展平台客户资源，创造客户价值。发挥平台的双边市场效应，吸引平台供需方客户数量不断增加。同时，不断累积提升平台企业自身的公信力，扩大平台服务范围和服务能力，增强平台的外部溢出效应。

外源性产业平台作为一种开放性的组织生态系统，其规划决策与控制指挥和传统企业有很大差异，决策要更加透明化，要更多地从关联方和平台内部合作伙伴的角度思考问题，基于各方利益寻求契合点。外源性产业平台要有效维护平台生态系统，保持平台内在的稳定性。产业平台要以政策为支配介质，加深外源龙头企业和平台参与企业的合作关系，运用各种政策手段促进平台共生关系演化。外源性产业平台要设计有效的激励机制，调动平台参与企业的积极性。在收益分配中要充分考虑平台参与企业在平台价值创造中的作用，要让平台各参与方共同分享平台发展带来的收益，在平台多方主体共赢发展的前提下促进产业平台价值链增值和顾客价值创造。

三、强化平台的后台服务支撑体系建设

外源性产业平台要加强平台网络数据库建设。平台要建立完善的信息情报采集系统、先进的供应链客户管理数据库、专业化的产品及服务推广网络或社区交流平台，提高平台服务效率。要加强平台资源协作管理和文化建设。平台不仅要实现内部的业务整合，还要实现供应商、需求商、专业服务商以及平台资源整合。协作是平台运营的基本要素，协作要建立在对彼此能力和承诺的信任基础上。平台的管理协作能力和文化价值理念密切相关。平台龙头企业的商业价值观和文化理念要能得到平台生态圈企业的认同，这样会更有利于平台各

产业链主体间的协作管理。平台作为较松散的商业组织形式，其主体间的协作管理更多的是建立在价值理念和企业文化的一致和认同基础上，否则容易导致管理文化的冲突。平台要不断吸收先进的文化价值理念，建立科学规范的公司治理制度，加强管理团队的综合素质和能力建设。

外源性产业平台要带头构建平台生态系统，通过平台生态圈各主体的协同共创平台价值。平台生态圈各主体要合作协同，外源龙头企业处于主导地位，要发挥平台主导者、资源整合者和服务协调者的作用，搭建平台，提供基础设施，吸引合作参与方，带动产业链协同发展。平台商户作为平台产品和服务提供方，为平台消费者提供丰富的产品和多样化的服务，为消费者传递价值。平台配套服务和技术支持的关联企业作为平台辅助支持方，为平台企业和消费者提供可靠、便捷的交易服务支撑。各类主体根据在平台中的功能定位，在协同中各有侧重，让平台资源得到最大限度的整合，推动平台的发展。

第三节 外源性产业平台品牌发展的策略建议

一、高度重视外源性产业平台品牌资产

（一）充分认识外源性产业平台品牌资产拥有的竞争优势

外源性产业平台是由有较大影响力的外源龙头企业主导、平台生态圈各方主体共同打造的经济组织形态，其品牌有巨大的竞争优势。实力强大、有较大行业影响力的外源龙头企业落户一地，牵头打造产业平台，充分利用知名龙头企业的品牌声誉和社会影响力，可使产业平台品牌与本地消费者建立起心理认同和品牌关联，扩大产业平台品牌在当地的市场渗透力，这样既可以在当地快速建立平台品牌知名度，吸引更多的本地消费者，还可以有效降低进入新市场而带来的风险。同时，当地政府和行业协会的积极支持，在消费者看来，这是对产业平台发展前景的看好和政策背书，有利于增强消费者对产业平台品牌的信心和品牌信任。在外源性产业平台内部，平台多主体进行有效资源整合，实现优势互补，形成合力，为顾客和平台共创价值。外源性产业平台生态圈各主

体充分利用自己的资源优势，共享资源，分工协作，产生协同效应，运用互补性的资源优势建立平台品牌的差异化竞争优势，有效提升平台自身的品质和品牌形象，降低平台运行成本，提高平台经营效率，建立领先优势。各主体充分合作，平台规模和实力要大大强于这些单个企业。它们依靠平台，做大做强平台品牌能有效抵御市场风险，增强平台抗风险的能力。平台多主体各方还可共同承担风险，从而有效减小市场对产业平台的冲击，更有利于平台稳定发展。

（二）充分认识外源性产业平台品牌拥有的品牌价值

外源性产业平台品牌较单个产品品牌和企业品牌有更大的品牌价值和品牌权益。外源性产业平台品牌要素和品牌内涵更为丰富，平台多主体、多资源、多要素结合所形成的平台品牌优势是单个产品和企业品牌无法相比的。单个品牌的市场说服力毕竟有限，外源性产业平台品牌的多要素结合，更容易得到市场的积极反馈，其无论在广度上，还是在深度上，更能获得更大的市场关注和消费者的青睐，能更好提升品牌价值和品牌权益。外源性产业平台品牌通过使平台相关方进行资源共享，让优势资源得以整合，占有顾客服务链条的更多内容，同时使消费者不断扩大的集成需求得以更好满足，将众多分散的消费者共同置于一个商品和服务资源更加丰富的产业平台上，在这个平台上，消费者的利益得以实现。这样的外源性产业平台可以在更大的地域空间让消费者得到更大的利益和便利，获得更大的价值。

二、打造外源性产业平台品牌形象系统

品牌形象为品牌发展提供了方向、目标和存在意义，它是品牌战略远景的核心内容，驱动着品牌联想，影响品牌与消费者关系的建立，最终影响到品牌资产。品牌形象是一个整体系统，包含作为产品的品牌、作为组织的品牌、作为个体的品牌和作为符号的品牌。外源性产业平台企业要进行品牌形象规划，打造独特的平台品牌。

（一）提升平台产品质量和价值，打造作为产品的品牌

外源性产业平台向消费者提供的产品和服务，是平台品牌形象的基本要

素。平台产品和服务的范围、属性、质量、功能和价值，均是平台消费者体验和感知平台品牌的重要因素。外源性产业平台企业要认真规划平台产品和服务范围，确立产品和服务质量标准，和平台参与企业共同打造产品和服务特色，提升产品和服务的功能利益和感知价值。平台企业要为平台参与企业提供技术支持和配套服务，为其生产经营和服务活动提供更大便利。平台企业要监督平台参与企业的产品和服务质量，要有相应的质量标准和动态监控措施，建立平台产品追溯机制，确保平台产品和服务品质可靠，打造让消费者放心和依赖的平台产品品牌形象。

（二）促进平台组织联想，打造作为组织的品牌

消费者对外源性产业平台的组织联想是平台品牌形象的重要组成部分，这种组织联想不仅来自对平台产品和服务的感知，还来自平台组织的方方面面，如组织的价值观和文化、经营风格和方式、人员和活动、资产与技能等。这些组织联想因素虽不像产品感知那么具体、鲜明，更显抽象、主观，但在对消费者深层影响和丰富品牌内涵上作用更为突出，形成的品牌效应更长久。外源性产业平台企业要树立正确的价值观，真正奉行"顾客至上"的经营理念，并使之体现在具体的日常经营活动中，让消费者和公众能感受到这种价值观和文化，并形成对平台企业积极的态度和感知。外源性产业平台企业要树立社会或公众导向，如关心环境、增强社会责任、关注并参与社会活动、赞助慈善活动，赢得顾客和公众好感。外源性产业平台企业要充分利用人员和活动增强顾客和公众对平台的认知和兴趣，通过员工和顾客的接触，用优质的服务水平、良好的服务形象赢得顾客对平台的信任和依赖；平台企业通过经常性发起和开展让公众关注和感兴趣的企业活动，吸引其参与，增强其和平台的联系。外源性产业平台企业通过经营行为和企业活动持续不断地影响平台消费者和社会公众，促进组织联想，打造作为组织的平台品牌。

（三）树立平台品牌个性，打造作为个体的品牌

品牌个性体现出品牌的人格化特质，使品牌形象鲜明，更富有内涵。塑造外源性产业平台品牌个性有助于创造差异化的平台品牌形象，引导平台品牌的

沟通活动，加深消费者对平台品牌的感知和态度，更好地创造品牌资产。外源性产业平台企业对平台经营的业务、产品和服务要有清晰的定位，运用与平台产品及服务相关的属性和特征传递品牌个性，如深圳的中国丝绸文化产业平台，致力于打造中国丝绸文化创意产业园，定位突出，以"丝绸"为名，做中国首席丝绸文化服务平台、高端丝绸商务礼品定制交易平台，体现了"文化、典雅和时尚"的品牌个性。外源性产业平台企业要运用顾客数据资料和借助大数据分析，发现和识别平台顾客和用户特征，要善于利用用户形象驱动平台品牌个性塑造。也可以利用外源性产业平台所在地域的人文特征和形象来打造平台品牌个性，赋予产业品牌文化内涵。

（四）丰富平台品牌视角识别，打造作为符号的品牌

一个强有力的符号能加深品牌印象，凝聚品牌力量和提升品牌形象。任何代表品牌的事物都可以成为符号，只要企业能巧妙地将其和品牌进行关联，引发消费者积极的品牌联想，就能丰富品牌形象。外源性产业平台企业要善于运用视角形象、比喻和企业历史传承等符号类型，建立与品牌的关联，隐含表达出品牌的功能、情感或利益，体现平台品牌形象的实质。外源性产业平台企业既要重视静态的平台品牌标识设计，运用独特的色彩和图案加深顾客记忆，也要重视动态元素的运用，刺激消费者的感官和想象，如中国丝绸文化创意产业园在品牌传播中利用"丝滑"的动态效果强化品牌印象。外源性产业平台企业还要挖掘企业自身历史传承和企业文化中的积极因素，将其作为平台品牌传承的基因，表达和展现平台品牌的精髓。可以说，塑造出一个有象征意义的平台品牌符号是平台品牌发展的关键因素，而缺少这一元素，品牌则显逊色、浅显。

（五）加强平台品牌营销，强化平台品牌形象感知

消费者对品牌形象的感知包括价值形象感知和社会形象感知，前者反映消费者对该品牌产品属性以及品牌提供的效用和利益的感知，后者是消费者对品牌的社会声誉的感知。消费者对外源性产业平台品牌形象的感知影响其品牌态度的形成。外源性产业平台要运用整合营销手段，开展全方位、立体化品牌营

销，增强消费者对平台品牌形象感知。

一方面，外源性产业平台要在业务上打造自己的核心竞争力，提供有特色的产品和服务，提升平台功能价值形象。平台在生产经营环节要确保产品和服务的高质量。平台要建立有效的产品质量监督控制系统和服务评价机制，确保产品和服务质量稳定、可靠。平台在服务上应当更注重人性化，完善售前售后的服务，增强用户体验。另一方面，外源性产业平台要运用整合传播手段加强品牌形象宣传。不仅要利用传统的传播媒介和传播方式宣传平台形象，还应该充分利用平台网站和多种自媒体加强宣传，突出平台的业务功能、经营特色和竞争优势。另外，外源性产业平台要积极履行企业的社会责任和义务，发起公益活动，让更多的消费者参与进来，增进对平台品牌社会形象的感知。平台也可考虑与具有较强社会影响力和较高社会声誉的知名人士进行合作，借助其知名度和影响力，进一步提升平台社会形象。

三、强化外源性产业平台品牌—消费者关系

（一）构建系统性和针对性的管理策略体系，积极影响消费者的平台品牌态度

外源性产业平台应重视平台不同主体方的管理策略对消费者品牌态度的差异化影响，构建系统性和针对性的管理策略体系。具体来说，如果消费者品牌认知程度不够高，那么平台管理方可以加大平台品牌宣传，提升平台知名度。同时，加强对平台的监管，如通过技术优势与管理优势提高卖家准入门槛、建立严格的监控制度，以增强平台消费者对平台质量和信誉的认知。如果消费者情感态度一般，外源性产业平台企业可以适当增强平台卖家的销售策略，如通过员工培训和内部管理提高售后响应速度，提升售后服务质量，加强和平台消费者的联系和沟通，提升消费者对平台的好感，培养消费者对平台品牌的信任。

外源性产业平台管理方还应该根据消费者品牌认知态度和情感态度间的关系，设计平台管理策略。具体来说，在外源性产业平台发展初期，消费者容易形成对平台品牌认知态度，平台管理方要投入较多的资源进行平台品牌宣传和

平台形象塑造，促使消费者加深对平台品牌认知态度和增强对平台品牌情感态度。在平台品牌宣传方面，要充分利用外源企业的声誉优势，凸显平台实力，提高平台知名度，增强平台认知度；在平台形象塑造方面，要重视把控平台参与企业（卖家）资质，严格规范企业行为，强化平台监管，建立和维护良好的平台形象。在外源性产业平台发展的成熟期，平台管理方要充分发挥平台卖家对消费者的影响。平台卖家直接面向平台消费者提供商品和服务，是影响消费者平台品牌感知的重要因素。平台管理方要积极鼓励平台卖家采取灵活有效的促销方式吸引顾客购买，运用线上和线下结合的形式提供多样化和便利化的服务，加强和顾客的互动沟通。鼓励平台卖家将更多资源投入到销售和服务方面，向消费者提供更大的感知价值，提升消费者对平台卖家和平台的情感态度。

（二）积极培养消费者对平台的品牌情感，增进品牌—消费者关系

消费者情感态度是在购买某品牌过程中产生的积极情绪的潜力，情感性品牌态度能够有效激发消费者的购买行为。外源性产业平台在进行营销活动时，要充分考虑到消费者情感上的需求，通过增强消费者对平台品牌的情感来加深其对平台的认同，促进平台的发展。外源性产业平台可通过彰显平台企业实力、积极履行社会责任、规范平台经营、提升平台品质来增强消费者对平台的好感和信心。外源性产业平台整体服务中应当更加人性化，体现对顾客的关怀，提供更贴心的服务，在营销过程中保证消费者愉快的购物体验，让消费者感到惊喜和舒服，从而发自内心地喜爱平台品牌。此外，外源性产业平台还可以积极开展与消费者的沟通活动，拉近消费者与品牌的距离，增强消费者与品牌间的情感联系，提升消费者对品牌的总体评价。外源性产业平台也可线下线上结合，发展平台的品牌社群，利用企业微信、企业微博等社交工具保持与消费者互动，开辟一个平台用户共同的论坛社区，增加消费群体的身份认同感和内部凝聚力，有效提升用户黏性，更好地维护顾客关系，提升消费者对平台的品牌情感。

（三）加强品牌宣传和消费者沟通，积极影响平台消费者品牌态度

消费者对外源性产业平台品牌的整体态度是在对外源性龙头企业品牌、平台产品和服务提供商的商品和企业品牌等众多品牌要素感知和品牌知识认知中不断形成的。看似零散、杂乱的品牌信息在两个节点之间以某种形式进行信息加工就建立起某种联系，并对消费者产生潜移默化的影响，最终形成消费者对外源性产业平台品牌的整体看法。外源性产业平台管理者在平台品牌管理中要充分认识消费者平台品牌态度形成的作用机制，重视利用与产业平台品牌相关的品牌知识和信息以加强消费者对平台的认知，要运用多种渠道和途径，加强品牌宣传和与消费者的沟通，积极影响消费者对平台品牌的认知态度和情感态度。外源性产业平台要运用龙头企业品牌具有的溢出效应，强化宣传外源性龙头企业的市场实力、经营能力、竞争优势和品牌形象，突出其社会责任意识，增强消费者的认可度和支持度。

外源性产业平台要重视对消费者心理的研究，设计有针对性的营销沟通策略。消费者对平台运营管理方管理行为的感知，以及对平台商品或服务提供商的服务质量和销售行为的感知，均会进一步丰富其对外源性产业平台品牌的信息认知，进一步强化或修正其对外源性产业平台品牌的态度或看法，形成对外源性产业平台品牌的整体态度。外源性产业平台管理者要调动一切可以影响平台消费者心理感知的品牌因素，通过协调平台各主体的沟通行为，全方位和立体化开展营销沟通，加强和平台消费者的互动，积极影响平台消费者品牌态度。

四、防范影响外源性产业平台品牌发展的风险因素

外源性产业平台品牌的发展过程中也不能忽视可能的风险，如所在区域是否真正具备产业平台发展的资源禀赋、市场环境、产业条件和协作要素。有些风险是易于识别的，如资源禀赋和产业条件，外源龙头企业在投资决策时对所在区域进行考察时会容易了解和关注到，有些风险是隐性的、不易被识别的，

如市场环境和协作要素。因此，外源性产业平台品牌固然有很多优点，但也隐含许多风险，如果发展不当，平台品牌就会达不到预期效果，甚至会削弱平台品牌资产。品牌和谐性会影响外源性产业平台的发展。品牌和谐性是消费者记忆中的基于外源龙头企业的品牌联想和对外源性产业平台品牌认知之间的一致性水平。一致性程度越高，品牌和谐性越强，越有利于消费者对产业平台的认知态度和情感态度的形成。

外源性产业平台共生主体间对平台品牌价值主张的认同和对平台治理的共识也影响平台品牌的发展。外源性产业平台是一个多主体共生的商业生态系统，最终影响平台品牌发展的是平台生态主体间的合作意愿和合作效率。如果平台各方对品牌核心价值不能认同，对平台治理不能达成共识，就影响平台战略和平台运营效率，还容易产生分歧和矛盾，甚至引发主体间的冲突，影响平台品牌形象和品牌的长远发展。平台主体间的共识包括对平台的目标、各主体方的责任承诺和治理机制的认同。由于平台发展模式不尽相同，平台各主体合作方式和紧密程度差异较大，外源性产业平台对主体间的合作机制、治理机制、利益分配和冲突处理机制均应考虑周全，谨慎设计，以促进平台品牌的健康发展。

第八章

研究结论与展望

第一节　主要研究成果与结论

一、理论文献研究的成果

由于研究领域和研究视角的不同，学者对平台的定义也不一样。罗切特和泰洛尔（Rochet and Tirole，2003）从产业经济学视角认为，平台是为两个或更多方提供交易中介的产品、服务、公司或组织。蒂瓦纳（Tiwana，2013）将平台的作用范围从具有单一功能的系统扩展到商业生态系统。对于产业平台，学界没有一个明确的理论定义和概念，人们对它的理解和运用主要源于对平台概念的延伸运用和直观借鉴。李必强和郭岭（2005）给产业平台下了一个定义，认为产业平台是指能为产业生产经营活动提供一定功能服务的开放共用系统的统称。

孙雷（2009）认为，根据内生和外生增长理论，从产业发展的动力源上可将产业分为内源性产业和外源性产业。本书提出外源性产业平台这一概念，旨在探讨资源禀赋并不丰富的地区如何通过招商引资建立相应的产业平台，促进当地经济发展。江青虎等（2011）认为外源性资本为了获得地理位置、资源禀赋、政府政策等区位优势，投资和吸引配套企业网络进入，形成外源性产业集群。

本书认为，外源性资本（外源龙头企业）进入一地，建立起作为产业经营活动载体的具体化形态的市场组织，具备功能性、开放性和通用性特征，即称为外源性产业平台。本书创新性提出外源性产业平台这一概念，并在文献研究基础上给出外源性产业平台的定义。

外源性产业平台品牌是一种企业品牌。但与企业品牌相比，外源性产业平台品牌形成中的主体有极大区别。企业品牌主体单一、清晰，而外源性产业平台品牌主体多元、复杂，难以控制（Trueman et al.，2004），外源龙头企业、平台参与企业等均在产业平台品牌形成和建设中发挥作用，本书在研究梳理产业平台经济理论、顾客价值创造理论和品牌理论文献基础上，确定出围绕"外源性产业平台构建—平台价值共创—平台品牌态度"的平台品牌形成发展脉络和逻辑顺序，以此为基础研究外源性产业平台品牌形成机制。

二、深入访谈研究的主要进展与结果

本书运用扎根理论的方法，以安徽省怀远县上谷农产品交易商贸综合服务平台为实地调研对象，多人多次和平台高管人员进行深度访谈，对访谈资料进行分析整理，运用开放式编码、主轴性编码和选择性编码，经过对范畴的继续考察和对范畴关系的不断思考，最终产生"外源性产业平台形成的驱动因素"这一核心范畴，并构建外源性产业平台形成的理论模型。

通过扎根理论研究得出驱动外源性产业平台形成的因素涉及 7 个核心范畴，但 7 个核心范畴的作用机制并不完全相同，其中资源环境、市场环境和政府规制环境属于区域环境吸引力因素，平台价值认知、品牌信任、服务支持和顾客价值属于平台吸引力因素。

本书阐释了外源性产业平台形成的驱动因素的作用机理，外源性资本的市场机会寻求和识别驱动，合适的市场环境和政府规制环境的支持，外源性龙头企业的品牌信任、平台价值主张和服务支持驱动产品和服务的提供方和支持方积极加入，以及消费者基于平台的价值感知而产生的消费意愿持续增强，外源性龙头企业、当地政府、产品和服务的提供方、服务支持方和消费者等平台关联方共同作用而形成外源性产业平台。外源性产业平台关联方在平台形成的不同阶段发挥的作用有所不同。外源性龙头企业在产业平台初建阶段主要承担平台投资建设、平台运营设计和平台招商功能，在平台运营阶段负责平台运营管理和平台治理、监控；政府（行业协会）在外源性产业平台形成中发挥独特的作用，在平台初建期提供政策支持，在平台运营阶段参与平台治理，为平台建设和发展营造良好的规制环境；产品和服务的提供方、配套支持方等产业平台参与方参与产品和服务提供，开展分工协作，共同进行价值创造和为顾客服务；顾客的作用体现为在平台建成前预期平台的价值以及在平台运营时参与平台消费和评价，对平台发展和平台声誉有重要影响。

三、案例研究的主要进展与结果

外源性产业平台多主体涉及平台龙头企业和参与企业，他们是平台价值创造的重要力量。产业平台价值创造需要产业平台中多主体合作才能实现，各个主体在该过程中扮演着不同的角色，并通过角色协同推动价值共创活动的开展。现有价值共创研究主要聚焦于企业和顾客共同参与的价值创造（Galvagno and Dalli，2014），而对于产业平台多主体之间是如何合作推动平台价值创造的研究尚少。

本书从共生关系理论视角，选择安徽省启迪科技产业平台、中国丝绸文化产业创意园和腾讯互联网社交服务产业平台作为案例对象，通过对其共生关系和共生行为的分析，探索产业平台多主体协同价值共创的关键因素，发现平台认同、平台治理和平台协同等行为对平台价值创造有着重要影响。产业平台的价值共创活动分为两个阶段：价值共创先导阶段（平台共生单元产生价值共创的意愿）和价值共创发生阶段（平台共生单元协同共创顾客价值的行为），以此为基础提出基于共生关系的产业平台共创价值的演进过程，揭示产业平台多主体协同共创价值的实现路径和演进机理。

四、外源龙头企业品牌形象对平台品牌态度作用机制研究的主要进展与结果

在外源性产业平台发展中，外源龙头企业形象对当地公众和消费者的影响更加明显，其突出的市场地位和广泛的社会形象是消费者评价平台的重要依

据。在外源性产业平台品牌态度形成过程中，消费者会受外源龙头企业品牌态度的影响。现有关于品牌溢出效应及形成机制的研究主要聚焦于产品品牌之间以及企业品牌对产品品牌的影响，针对企业品牌溢出效应的研究尚不多见。由于企业品牌具有形象的整体性和抽象性，因此，外源龙头企业品牌形象联想的影响路径尚未清晰。

本书构建外源龙头企业品牌形象联想对平台品牌态度研究理论模型并进行实证研究，通过回归分析验证外源龙头企业品牌联想对外源性产业平台品牌态度有积极影响。消费者对外源龙头企业品牌的能力联想和社会责任联想均积极影响其对外源性产业平台的品牌认知和品牌情感。在外源性产业平台品牌态度形成过程中，消费者对外源龙头企业的品牌态度会溢出到外源性产业平台品牌上，外源龙头企业品牌存在正向溢出效应。运用 Bootstrap 中介变量检验，验证消费者认同在外源龙头企业品牌联想对外源性产业平台品牌态度影响的过程中起中介作用。无论是对外源龙头企业品牌的能力联想，还是对外源龙头企业品牌的社会责任联想，在对外源性产业平台品牌态度的影响过程中，消费者认同均起中介作用。这一结论明晰了外源龙头企业品牌形象对平台品牌态度的作用机制。

五、外源性产业平台多主体管理策略对平台品牌态度作用机制研究的主要进展与结果

本书以商贸产业平台为例，实证研究在"外源性产业平台企业—平台卖家—平台买家"三方市场情境下，外源性产业平台宣传策略、监管策略和平台卖家销售策略对于消费者品牌态度不同维度差异化的影响及作用机制。在研究中引入品牌形象感知为中介变量，对外源性产业平台的社会形象感知和价值形象感知在不同主体方管理策略对消费者品牌态度中的中介作用进行分析。

本书使用情景实验法，假设某外地商贸平台进入本地，设置平台企业（管理方）的平台宣传策略、平台监管策略和平台卖家销售策略的实验情景，让被测试者阅读编制好的情景材料，并根据情景设计来填写实验问卷，获取数

据。通过方差分析，验证外源性产业平台多主体管理策略对消费者平台品牌态度有显著的差异化影响，平台的监管策略和宣传策略更能影响消费者对平台品牌的认知态度，平台卖家的销售策略更能影响消费者对平台品牌的情感态度；验证外源性产业平台多主体管理策略对消费者品牌形象感知有显著的差异化影响，平台的宣传策略和平台监管策略更能影响消费者对平台的社会形象感知，平台卖家的销售策略更能影响消费者对平台的价值形象感知。

通过 Bootstrap 中介变量检验，验证消费者品牌形象感知在外源性产业平台多主体管理策略对消费者平台品牌态度的影响中起中介作用。在外源性产业平台多主体管理策略对消费者平台品牌态度的影响中，消费者的平台品牌社会形象感知和价值形象感知均发挥中介作用。本书明晰了外源性产业平台多主体管理策略对平台品牌态度的作用机制。

第二节　主要研究贡献与科学意义

一、外源性产业平台形成驱动因素研究的贡献与学术价值

外源性产业平台是一个新的实践产物，目前学术界尚未有系统的研究。本书通过大量的文献研究，识别出一些影响外源性产业平台产生的因素；通过对案例企业主要管理者的深度访谈，验证与完善了根据文献研究构建的理论雏形，提炼出外源性产业平台形成的区域环境吸引力因素和平台吸引力因素及其维度，并阐释其作用机理。研究成果深化了对外源性产业平台形成过程的认识，推进了平台经济的基本理论研究，也为对外源性产业平台形成因素进行实证研究提供理论基础。

二、外源性产业平台价值共创研究的贡献与学术价值

现有价值共创研究主要聚焦于企业和顾客共同参与的价值创造，而对于产业平台多主体之间是如何合作推动平台价值创造的研究尚少。产业平台中平台

龙头企业与参与企业是重要的共生单元，形成共生关系群体，他们在共生合作中扮演着不同的角色，并通过角色协同推动价值共创活动的开展。本书从共生关系理论视角，通过相关案例分析，探索产业平台多主体协同价值共创的关键因素，揭示产业平台多主体协同价值共创的实现路径和演进机理，拓展了顾客价值理论的应用领域，丰富了顾客价值理论的内容，是产业平台运营管理领域的学术创新。

三、外源龙头企业品牌形象作用机制研究的贡献与学术价值

在外源性产业平台的发展中，龙头企业发挥着重要作用。本书研究消费者对外源性产业平台品牌态度的形成是否受到龙头企业品牌形象的影响以及影响的作用机制。通过实证研究发现，在外源性产业平台品牌态度形成过程中，龙头企业品牌存在正向溢出效应，消费者对外源龙头企业品牌的能力联想和社会责任联想均积极影响其对外源性产业平台的品牌认知和品牌情感，消费者认同在此过程中起中介作用。本书进一步拓展了品牌溢出效应的研究领域。现有文献对品牌溢出效应的研究多针对产品的品牌延伸和品牌联合领域。不管是品牌延伸还是品牌联合，原品牌的产品相关与非产品相关的属性更易于将消费者的态度转移至相关的品牌上。和产品品牌态度不同，企业品牌态度是消费者基于对企业品牌的认识和联想，缺少清晰和客观的属性特征，是否也具有态度迁移是个值得探讨的问题。本书以龙头企业和其建立的外源性产业平台品牌为研究对象，通过研究证实，龙头企业的品牌联想对外源性产业平台品牌具有溢出效应，这丰富了品牌理论研究，为产业平台品牌形象塑造提供理论支撑。同时，本书探讨了龙头企业品牌联想对外源性产业平台品牌态度的影响并揭示了内在作用机制。对龙头企业品牌的能力联想和社会责任联想对外源性产业平台品牌的认知态度和情感态度均产生积极影响，消费者认同在此过程起中介作用。龙头企业的能力和社会责任行为得到消费者心理接受是让消费者产生态度迁移的重要作用机制，这也从另一个方面印证了消费者对品牌的感受和品牌—消费者关系是形成基于消费者的品牌资产的重要内容。

四、外源性产业平台多主体管理策略作用机制研究的贡献与学术价值

外源性产业平台的本质在于外源平台企业和平台参与方共创价值,向平台消费者提供满意的产品和服务。平台消费者对外源性产业平台的品牌态度,既包括对外源平台企业的品牌态度,也包括对平台参与方的品牌态度。本书以外源性商贸产业平台为对象,研究在"平台企业—平台卖家—平台买家"三方市场情境下外源性产业平台多主体管理策略(平台的宣传策略、监管策略以及平台卖家的销售策略)对于消费者品牌态度差异化的影响。平台监管策略和平台宣传策略更能影响消费者对平台品牌的认知态度,平台卖家的销售策略更能影响消费者对平台品牌的情感态度。平台宣传策略和平台监管策略更能影响消费者对平台的社会形象感知,平台卖家的销售策略更能影响消费者对平台的价值形象感知。消费者品牌形象感知(即社会形象感知和价值形象感知)在外源性产业平台多主体管理策略对消费者平台品牌态度的影响中起中介作用。这部分研究丰富了企业品牌理论,对研究平台消费者购买心理和行为提供理论支撑,也为平台企业的品牌管理策略的制订和实施提供理论依据与决策参考。

第三节 研究不足与展望

一、研究不足

本书通过研究得出一些有意义的结论与启示,但也存在一定的局限性。

第一,本书运用质性研究方法,如扎根理论和案例法进行研究,虽然按照一定的研究范式、要求和程序,对收集到的资料进行相应的分析和编码,但是,在此过程中难免会受到一些主观因素的影响,有些理论机制模型是从质性角度总结的,缺乏进一步的定量研究的支持。后续研究中有待收集更多的案例或者数据,利用量化研究方法对理论模型进行实证研究,以弥补质性研究的不足。

第二，外源性产业平台类型多样，本书基于研究便利性和资料可获得性，更多选择以商贸类外源性产业平台为研究对象进行定性和定量研究，探讨外源性产业平台品牌态度的形成机制，其研究结论是否适用于一般的外源性产业平台，还需要更多研究的验证。

第三，外源性产业平台品牌塑造的影响主体多元，不仅包括外源龙头企业（管理方），还包括平台产品销售方、提供配套服务的支持方等诸多平台参与企业及关联企业，它们的经营策略均构成平台品牌要素，影响消费者的平台品牌态度。为便于开展定量研究，本书选择商贸类外源性产业平台的平台管理企业和平台商家这两类主体的三种管理策略，研究共生情境下平台多主体管理策略对消费者的平台品牌态度的影响及作用机制。后续还应进一步进行拓展性研究，研究平台其他主体如平台辅助支持类主体对消费者的品牌态度的影响，来进一步丰富这一领域的研究。

二、研究展望

第一，企业品牌的塑造是一个长期、持续的过程，外源性产业平台品牌也不例外。本书基于项目研究设计，着重围绕"外源性产业平台构建—平台价值共创—平台品牌态度"的平台品牌形成发展脉络，重点研究外源性产业平台品牌要素（外源龙头企业、平台多主体管理策略行为等）对消费者平台品牌态度影响及作用机制。品牌建设是一种长期行为、战略行为。外源性产业平台品牌形成后，要塑造一个强有力的品牌，需要针对品牌资产、品牌形象和长期品牌战略进行研究，聚集品牌成长中的现实问题和理论问题，深入研究。未来可运用品牌资产管理理论，聚焦品牌—顾客关系，进一步研究外源性产业平台品牌建设问题。

第二，网络电商平台在现实中发展迅速，但考虑到本书研究对象为外源性产业平台，而网络电商平台的空间地域性特征不明显，难以体现整合区域资源和产业协作优势，作为外源性产业平台来研究没有代表性，不能聚焦本书核心命题进行研究，因而在本书的研究中缺少对网络类外源产业平台的研究。后续研究中可以将研究对象拓展到网络类外源产业平台，以验证研究结论的适用性。

参考文献

［1］阿姆瑞特·蒂瓦纳. 平台生态系统：架构策划、治理与策略［M］. 北京：北京大学出版社，2018.

［2］陈威如，余卓轩. 平台战略：正在席卷全球的商业模式革命［M］. 北京：中信出版社，2013.

［3］陈波. 产业创新平台治理模式研究［J］. 兰州学刊，2012（9）：85 - 90.

［4］陈向明. 扎根理论的思路和方法［J］. 教育研究与实验，1999（11）：58 - 63，73.

［5］程大涛. 基于共生关系理论的企业集群组织研究［D］. 杭州：浙江大学，2003.

［6］蔡继荣. 联盟伙伴特征、可置信承诺与战略联盟的稳定性［J］. 科学学与科学技术管理，2012，33（7）：133 - 142.

［7］池毛毛，赵晶，李延晖，等. 企业平台双元性的实现构型研究：一项模糊集的定性比较分析［J］. 南开管理评论，2017，20（3）：65 - 76.

［8］成也，王锐. 网络直播平台的治理机制——基于双边平台视角的案例研究［J］. 管理案例研究与评论，2017，10（4）：356 - 363.

［9］董丽荣，王立杰. 服务供应商参与煤炭交易中心平台治理的方式［J］. 中国煤炭，2016，42（1）：6 - 9.

［10］董维刚，许玉海，浮红芬. 多归属情形下产业间平台合作的经济效应［J］. 运筹与管理，2013（5）：209 - 216.

［11］段会娟，吴俊. 市场潜力与要素区位选择：理论和实证［J］. 中央财经大学学报，2011（12）：59 - 64.

[12] 费萨尔·豪可. 协调效应——从技术中获得切实的商业价值 [M]. 北京：中国人民大学出版社，2006.

[13] 费钟琳，黄幸婷，曹丽. 基于两权分离理论的产业创新平台治理模式分类研究 [J]. 管理现代化，2017，37 (5)：25 - 28.

[14] 方兴东，严峰. 浅析超级网络平台的演进及其治理困境与相关政策建议——如何破解网络时代第一治理难题 [J]. 汕头大学学报，2017，33 (7)：41 - 51.

[15] 龚丽敏，江诗松，魏江. 产业集群创新平台的治理模式与战略定位：基于浙江两个产业集群的比较案例研究 [J]. 南开管理评论，2012，15 (2)：59 - 69.

[16] 郭爱云，杜德斌. 企业微信公众号能促进消费者品牌契合吗？——基于公众号认同和公众号融入的混合效应模型 [J]. 现代财经，2018，38 (2)：102 - 113.

[17] 赫尔曼·哈肯. 协同学：大自然构成的奥秘 [M]. 上海：上海译文出版社，2005.

[18] 胡岗岚，卢向华，黄丽华. 电子商务生态系统及其协调机制研究——以阿里巴巴集团为例 [J]. 软科学，2009，23 (9)：5 - 10.

[19] 胡海波，卢海涛. 企业商业生态系统演化中价值共创研究——数字化赋能视角 [J]. 经济管理，2018，40 (8)：55 - 71.

[20] 胡旺盛. 顾客价值与营销创新 [M]. 合肥：合肥工业大学出版社，2006.

[21] 黄合水，彭聃龄. 论品牌资产——一种认知的观点 [J]. 心理科学进展，2002 (3)：350 - 359.

[22] 江青虎，丁卫明，曾宇容. 外源性产业集群形成机理研究 [J]. 理论研究，2011 (12)：11 - 13.

[23] 金立印. 消费者企业认同感对产品评价及行为意向的影响 [J]. 南开管理评论，2006，9 (3)：16 - 21.

[24] 金立印. 基于品牌个性及品牌认同的品牌资产驱动模型研究 [J]. 北京工商大学学报（社会科学版），2006，21 (1)：38 - 43.

［25］金相郁，朴英姬．中国外商直接投资的区位决定因素分析：城市数据［J］．南开经济研究，2006（2）：35－45.

［26］李柏洲，董媛媛．基于协同论的企业原始创新动力系统构建［J］．科学学与科学技术管理，2009（1）：56－57.

［27］李必强，郭岭．产业平台与平台化生产经营模式研究［J］．科技进步与对策，2005（5）：98－100.

［28］李长云，张悦．区域科技资源共享平台发展动力机制研究［J］．情报理论与实践，2018，41（4）：33－37.

［29］李建裕．文化商品品牌形象之研究——莺歌陶瓷之实证［J］．行销评论，2007，4（3）：365－390.

［30］李凌．平台经济发展与政府管制模式变革［J］．经济学家，2015（7）：27－34.

［31］李明武，肖晓章．论产业集群的区域品牌战略［J］．江苏商论，2008（7）：103－105.

［32］李鹏，胡汉辉．企业到平台生态系统的跃迁：机理与路径［J］．科技进步与对策，2016，33（10）：1－5.

［33］李启庚，余明阳．品牌组合战略对子品牌/品类间溢出效应的影响研究［J］．软科学，2012，26（10）：71－75.

［34］李晓英．联合品牌策略［M］．上海：光明日报出版社，2013.

［35］李维安，吴德胜，徐皓．网上交易中的声誉机制——来自淘宝网的证据［J］．南开管理评论，2007，10（5）：36－46.

［36］李永锋，司春林．合作创新战略联盟中企业间相互信任问题的实证研究［J］．研究与发展管理，2007，19（6）：52－60.

［37］李永峰，司春林．合作创新中企业声誉、共享价值观和相互信任的实证研究［J］．技术经济与管理研究，2007，（06）：34－37.

［38］刘凤军，李辉．品牌态度的多维内化——企业社会责任视角［M］．北京：人民出版社，2017.

［39］刘国华．品牌形象论：构建独一无二的品牌价值［M］．北京：人民邮电出版社，2015.

［40］刘汉民，张晓庆．网络零售平台治理机制对卖家机会主义行为的影响——以感知不确定性为调节变量［J］．商业经济与管理，2017（4）：16－27.

［41］刘雪梅．联盟组合：价值创造与治理机制［J］．中国工业经济，2012（6）：70－82.

［42］刘英基．基于地区博弈的企业投资区位选择及实证研究［J］．经济经纬，2015，32（3）：13－17.

［43］卢宏亮，张岩．B2B品牌形象线索的探索性研究——基于网络评论及访谈的内容分析［J］．贵州财经大学学报，2016（11）：26－40.

［44］迈克尔·波特．竞争优势［M］．北京：华夏出版社，1997.

［45］孟祥霞．平台经济企业发展模式变革与创新［M］．杭州：浙江大学出版社，2016.

［46］牛振邦，白长虹，张辉，等．浅层互动能否激发顾客价值共创意愿——基于品牌体验与价值主张契合的混合效应模型［J］．科学学与科学技术管理，2015，36（11）：112－123.

［47］潘文安．进入模式、区域产业环境以及经营特性对中小企业跨区域经营绩效影响——基于浙商的实证研究［J］．商业经济与管理，2015（5）：50－58.

［48］潘宪生．平台经济及其在江苏的实践［J］．商业经济研究，2015（8）：24－25.

［49］彭本红，武柏宇．平台企业的合同治理、关系治理与开放式服务创新绩效——基于商业生态系统视角结论及展望［J］．软科学，2016，30（5）：78－118.

［50］彭禄斌，刘仲英．物流公共信息平台治理机制对治理绩效的影响［J］．工业工程与管理，2010，15（1）：11－16.

［51］邱玮．服务交互质量对消费者品牌态度的影响机制研究［J］．现代管理科学，2012（10）：102－105.

［52］钱平凡，陈光华，温琳．平台研究国际进展与侧重点及政策含义［J］．发展研究，2014（5）：80－83.

[53] 冉佳森，谢康，肖静华. 信息技术如何实现契约治理与关系治理的平衡——基于 D 公司供应链治理案例 [J]. 管理学报，2015，12（3）：458－468.

[54] 冉龙，陈晓玲. 协同创新与后发企业动态能力演化 [J]. 科学学研究，2012，30（2）：201－206.

[55] 申尊焕，龙建成. 网络平台企业治理机制探析 [J]. 西安电子科技大学学报，2017，27（4）：66－72.

[56] 孙雷. 外源性产业集聚的成因与发展路径分析 [D]. 广州：暨南大学，2009.

[57] 孙丽辉. 区域品牌形成与效应机理研究 [M]. 北京：人民出版社，2010.

[58] 汤筱晓，洪茹燕. 平台品牌认知对产品购买行为的影响研究：品牌敏感的调节作用 [J]. 重庆大学学报（社会科学版），2016（2）：109－118.

[59] 田洪刚. 产业平台、销售平台和产业链环节的重塑——一个服务主导的逻辑 [J]. 现代经济探讨，2015（10）：59－63.

[60] 田刚，贡文伟，梅强，等. 制造业与物流业共生关系演化规律及动力模型研究 [J]. 工业工程与管理，2013，18（2）：39－46.

[61] 万兴，杨晶. 从多边市场到产业平台——基于中国视频网站演化升级的研究 [J]. 经济与管理研究，2015，36（11）：81－89.

[62] 万俊毅，敖嘉焯. 企业间交易治理机制研究述评与展望 [J]. 外国经济与管理，2013，35（3）：22－46.

[63] 王海忠，陈增祥，尹露. 公司信息的纵向与横向溢出效应：公司品牌与产品品牌组合视角 [J]. 南开管理评论，2009，12（1）：84－89.

[64] 王海忠，闫怡. 顾客参与新产品构思对消费者自我——品牌联结的正面溢出效应：心理模拟的中介作用 [J]. 南开管理评论，2018，21（1）：132－145.

[65] 王磊，谭清美，陆菲菲. 产业创新平台发展回顾与展望 [J]. 科技进步与对策，2017，34（7）：154－160.

[66] 王新新，万文海. 消费领域共创价值的机理及对品牌忠诚的作用研究 [J]. 管理科学，2012，25（5）：52－65.

[67] 王勇，戎珂．平台治理 [M]．北京：中信出版集团，2018．

[68] 王沛．广告心理效应与评价 [M]．北京：科学出版社，2008．

[69] 王晓明，徐莹莹，刘贝贝．产品伤害危机背景下企业联想对消费者负面口碑传播的影响——以食品行业为例 [J]．珞珈管理评论，2017，21 (2)：103 – 117．

[70] 汪旭辉，王东明．互补还是替代：事前控制与事后救济对平台型电商企业声誉的影响研究 [J]．南开管理评论，2018，21 (6)：67 – 82．

[71] 汪涛，谢志鹏，崔楠．和品牌聊聊天——拟人化沟通对消费者品牌态度影响 [J]．心理学报，2014，46 (7)：987 – 999．

[72] 吴义爽，徐梦周．制造企业“服务平台”战略、跨层面协同与产业间互动发展 [J]．中国工业经济，2011 (11)：48 – 58．

[73] 武文珍，陈启杰．基于共创价值视角的顾客参与行为对其满意和行为意向的影响 [J]．管理评论，2017，29 (9)：167 – 180．

[74] 谢佩洪，陈昌东，周帆．平台型企业生态圈战略研究前沿探析 [J]．上海对外经贸大学学报，2017，24 (5)：54 – 65．

[75] 徐晋，张祥建．平台经济学初探 [J]．中国工业经济，2006 (5)：40 – 47．

[76] 项晓娟．电子商务平台的关系治理及竞争策略 [J]．商业经济研究，2015 (30)：78 – 80．

[77] 罗伯特·K. 殷．案例研究：设计与方法 [M]．周海涛，李永贤，李虔，译.2 版．重庆：重庆大学出版社，2010．

[78] 严建援，何群英．B2B 情境下专用性投资、顾客价值共创与顾客价值间的关系研究 [J]．管理学报，2017，14 (7)：1062 – 1069

[79] 杨晓燕，周懿瑾．绿色价值：顾客感知价值的新维度 [J]．中国工业经济，2006 (7)：110 – 116．

[80] 杨学成，涂科．共享经济背景下的动态价值共创研究——以出行平台为例 [J]．管理评论，2016，28 (12)：258 – 268．

[81] 游达明，黄曦子．突破性技术创新合作伙伴选择及其评价 [J]．系统工程，2014，32 (3)：99 – 103．

［82］袁纯清.共生理论——兼论小型经济［M］.北京：经济科学出版，1998.

［83］岳晓明.平台的构建模式及平台的治理方式研究［J］.安阳工学院学报，2016，15（2）：80-82.

［84］张耕，刘震宇.在线消费者感知不确定性及其影响因素的作用［J］.南开管理评论，2010，13（5）：99-106.

［85］张豪，丁云龙，杜兰.基于协同创新的大学—产业合作平台集成化模式研究［J］.科技进步与对策，2014（8）：58-62.

［86］张路通，邓彤.外商直接投资区位选择的影响因素分析［J］.财会月刊，2009（20）：74-75.

［87］张培，杜亚萍，马建龙.基于信任的服务外包治理机制：多案例研究［J］.管理评论，2015，27（10）：230-240.

［88］张小宁，赵剑波.新工业革命背景下的平台战略与创新——海尔平台战略案例研究［J］.科学学与科学技术管理，2015，36（3）：77-86.

［89］赵伟，周飞燕."外源化"及其经济学分析［J］.外国经济与管理，2004（1）：30-34.

［90］赵先德，简兆权，付文慧.基于平台的商业模式创新与服务设计［M］.北京：科学出版社，2016.

［91］郑称德，于笑丰，杨雪，等.平台治理的国外研究综述［J］.南京邮电大学学报，2016，18（3）：26-41.

［92］周文辉，陈凌子，邓伟，等.创业平台、创业者与消费者价值共创过程模型：以小米为例［J］.管理评论，2019，31（4）：283-294.

［93］朱延智.品牌管理［M］.台北：五南图书出版股份有限公司，2010.

［94］Aaker, D. A. Managing brand equity［M］. New York：The Free Press, 1991.

［95］Aaker, D. Building strong brands［M］. New York：The Free Press, 1996.

［96］Aaker, D., Joachimsthaler, E. Brands leadership［M］. New York：The Free Press, 2000.

[97] Aaker, D. A. , Keller, K. L. Consumerevalutions of brand extensions [J]. Journal of Consumer Research, 1990, 13 (1): 27 – 41.

[98] Agarwal, A. , Narayana, A. Impact of relational communication on buyer – supplier relationship satisfaction: role of trust and commitment [J]. Benchmarking: An International Journal, 2020, 27 (8): 2459 – 2496.

[99] Ajzen, I. , Fishbein, M. Understanding attitudes and predicting social behavior [M]. Engelwood Cliffs, New Jersey: Prentice – Hall, 1980.

[100] Anholt, S. Brand new justice: the upside of global branding [M]. Oxford: Butterworth – Heinemann, 2003.

[101] Ashforth, B. E. , Meal, F. Alumni and their alma mater: A partial test of the reformulated model of organizational identification [J]. Journal of Organizational Behavior, 1992, 13 (2): 103 – 123.

[102] Bagozzi, P. , Dholakia, M. Antecedents and purchase consequences of customer participation in small group brand communities [J]. International Journal of Research in Marketing. 2006, 23 (1): 45 – 61.

[103] Balachander, S. , Ghose, S. Reciprocal spillover effects: A strategic benefit of brand extensions [J]. Journal of Marketing, 2003, 67 (1): 4 – 13.

[104] Bengtsson, M. Climate of competition, clusters and innovative performance [J]. Scandinavian Journal of Management, 2004, 20 (3): 225 – 244.

[105] Benton, W. , Maloni, M. The influence of power driven buyer – seller relationships on supply chain satisfaction [J]. Journal of Operations Management Review, 2005, 23 (1): 1 – 18.

[106] Berens, G. , Riel, V. , Bruggen. Corporateassociations and consumer product responses: The moderating role of corporate brand dominance [J]. Journal of Marketing, 2005, 69 (4): 35 – 48.

[107] Bergami, M. , Bagozzi, R. P. Self – categorization, affective commitment and group self – esteem as distinct aspects of social identity in the organization [J]. British Journal of Social Psychology, 2000, 39 (4): 555 – 577.

[108] Bhalla, G. Collaboration and co – creation: new platforms for marketing

and innovation [M]. New York. Springer Science & Business Media, 2010.

[109] Bhat, S. , Reddy, S. K. Theimpact of parent brand attribute associations and affect on brand extension [J]. Journal of Business Research, 2001, 53 (3): 111-122.

[110] Biel, A. L. How brand image drives brand equity [J]. Journal of Advertising Research. 1992, 32 (6): 6-12.

[111] Blackston, M. Observations: building brand equity by managing the brand's relationships [J]. Journal of Advertising Research, 1992, 32 (3): 79-83.

[112] Boudreau, K. J. , Hagiu, A. Platform rules: multi-sided platforms as regulators [M]//Gawer, A.. Platforms, markets and innovation. Northampton, MA: Edward Elgar Publishing, 2009.

[113] Bourdeau, L. , Brady, K. , Cronin, J. The moderating role of attitude in consumers' service assessments [J]. Marketing Management Journal. 2013, 23 (2): 86-100.

[114] Broniarczyk, S. M. , Alba, J. W. The importance of the brand in brand extension [J]. Journal of Marketing Research, 1994, 31 (2): 214-228.

[115] Brow, T. J. , Dacin, P. A. The company and the product: Corporate associations and consumer product responses [J]. Journal of Marketing, 1997, 61 (1): 68-84.

[116] Cable, D. M. , DeRue, D. S. The convergent and discriminant validity of subjective fit perceptions [J]. Journal of Applied Psychology, 2002, 87 (5), 875-884.

[117] Cennamo, C. , Santalo, J. Platform competition: Strategic trade-offs in platform markets [J]. Strategic Management Journal, 2013, 34 (11): 1331-1350.

[118] Cobbs, J. , Groza, D. , Rich, G. Brand spillover effects within a sponsor portfolio: The interaction of image congruence and portfolio size [J]. Marketing Management Journal, 2015, 25 (2): 107-122.

［119］Cretu, A. E., Brodie, R. J. The influence of brand image and company reputation where manufacturers market to small firms: A customer value perspective ［J］. Industrial Marketing Management, 2007, 36 (2), 230 – 240.

［120］Cusumano, M. Technologystrategy and management: the evolution platform thinking ［J］. Communications of the ACM, 2010, 53 (1): 32 – 34.

［121］Czellar, S. Consumer attitude toward brand extensions: An integrative model and research propositions ［J］. International Journal of research in marketing, 2003, 20 (1): 97 – 115.

［122］Chu, S., Chen, H. Impact of consumers' corporate social responsibility – related activities in social media on brand attitude, electronic word – of – mouth intention, and purchase intention: A study of Chinese consumer behavior ［J］. Journal of Consumer Behaviour, 2019, 18 (6): 453 – 462.

［123］Dacin, A. Thecompany and the product: Corporate associations and consumer product responses ［J］. Journal of Marketing, 1997, 61 (1): 68 – 84.

［124］Dirk, K. T., Ferrin, D. L. The role of trust in organizational settings ［J］. Organization Science, 2001, 12 (4): 450 – 467.

［125］Du, S., Bhattacharya, C. B., Sen, S. Maximizing business returns to corporate social responsibility (CSR): The role of CSR communication ［J］. International Journal of Management Reviews, 2010, 12 (1): 8 – 19.

［126］Edelman, B. How to launch your digital platform ［J］. Harvard Business Review, 2015 (4): 91 – 97.

［127］Eisenhardt, M. Agency theory: An assessment and review ［J］. Academy of Management Review, 1989, 14 (1): 57 – 74.

［128］Eisenhardt, K. M. Buildingtheories from case study research ［J］. Academy of Management Review, 1989, 14 (4): 532 – 550.

［129］Eisenmann, T., Parker, G., Alstyne M. V. Strategies for two – sided markets ［J］. Harvard Business Review, 2006 (10): 92 – 101.

［130］Erlich, R., Raven, H. Butterflies and plants: a study in co – evolution ［J］. Evolution, 1964 (18): 586 – 608.

［131］ Evans, S. The antitrust economics of multi – sided platform markets ［J］. Yale Journal on Regulation, 2003, 20 (2): 325 – 382.

［132］ Fang, X. , Mishra, S. Theeffect of brand alliance portfolio on the perceived quality of an unknown brand ［J］. Advances in Consumer Research, 2002, 29 (1): 519 – 520.

［133］ Franzen, G. Brand & advertising: how advertising effectiveness influences brand equity ［M］. UK: Ad map Publication, 1999.

［134］ Galvagno, M. , Dalli, D. Theory of value co – creation: A systematic literature review ［J］. Managing Service Quality. 2014, 24 (6): 643 – 683.

［135］ Gawer, A. , Cusumano, M. A. How companies become platform leaders ［J］. Mit Sloan Management Review, 2008, 49 (2): 28 – 35.

［136］ Ghodeswar, M. Building brand identity in competitive markets: a conceptual model ［J］. Journal of Product & Brand Management, 2008, 17 (1): 4 – 12.

［137］ Goodman, E. , Dion, A. The Determinants of commitment in the distributor – manufacturer relationship ［J］. Industrial Marketing Management, 2001, 30 (3): 287 – 300.

［138］ Gummesson, E. , Mele, C. Marketing as value co – creation through network interaction and resource integration ［J］. Journal of Business Market Management, 2010, 4 (4): 181 – 198.

［139］ Grewal, R, Chakravarty, A. , Saini, A. Governancemechanisms in business – to – business electronic markets ［J］. Journal of Marketing, 2010, 74 (4): 45 – 62.

［140］ Han, C. M. Countryimage: Halo or summary construct? ［J］. Journal of Marketing Research, 1989, 26 (2): 235 – 256.

［141］ Hart, O. , Moore, J. The governance of exchanges: members' cooperatives versus outsideownership ［J］. Oxford Review of Economic Policy, 1996, 12 (4): 53 – 69.

［142］ Heide, J. B. , Wathne, K. H. , Rokkan, A. I. Interfirmmonitoring, social contracts, and relationship outcomes [J]. Journal of Marketing Research, 2007, 44 (3): 425 – 433.

[143] Hill, C. J., Lynn, L. E. Is hierarchical governance in decline? Evidence from empirical research [J]. Journal of Public Administration Research and Theory, 2005, 15 (2): 173 – 195.

[144] Hillman, J., Withers, C., Collins, J. Resource dependence theory: a review [J]. Journal of Management, 2009, 35 (6): 1404 – 1427.

[145] Iansiti, M., Levien, R. Strategy asecology [J]. Harvard Business Review, 2004, 34 (3): 68 – 78.

[146] Jap, S. D., Anderson, E. Safeguarding interorganizational performance and continuity under ex post opportunism [J]. Management Science, 2003, 49 (12): 1684 – 1701.

[147] Kapferer, J. Brand confusion: empirical study of a legal concept [J]. Psychology & Marketing. 1995, 12 (6): 551 – 568.

[148] Keller, K. L. Conceptualizing, measuring and managing customer – based brand equity [J]. Journal of Marketing, 1993, 57 (1): 1 – 22.

[149] Keller, K. L. Strategicbrand management [M]. New Jersey: Prentice Hall, 1998.

[150] Keller, L. Strategic brand management: building, measuring, and managing brand equity [M]. NJ: Prentice Hall, 2003.

[151] Keller, K. L. Leveraging secondary associations to build brand equity: theoretical perspectives and practical applications [J]. International Journal of Advertising. 2020, 39 (4): 448 – 465.

[152] Kokkinaki, F., Lunt, P. Theeffect of advertising message involvement on brand attitude accessibility [J]. Journal of Economic Psychology, 1999, 20 (1): 41 – 51.

[153] Koschate – Fischer, N., Hoyer, D., Wolframm, C. What if something unexpected happens to my brand? Spillover effects from positive and negative events in a co – branding partnership [J]. Psychology & Marketing, 2019, 36 (8):

758 – 772.

[154] Kristof, A. L. Person – organization fit: An integrative review of its conceptualizations, measurement, and implications [J]. Personnel Psychology, 1996, 49 (1), 1 – 49.

[155] Lafferty, A. The relevance of fit in a cause – brand alliance when consumers evaluate corporate credibility [J]. Journal of Business Research. 2007, 60 (5): 447 – 453.

[156] Lai, C. S. , Liu, S. S. , Yang, C. F. , et al. Governance mechanisms of opportunism: Integrating from transaction cost analysis and relational exchange theory [J]. Taiwan Academy of Management Journal, 2005, 5 (1): 1 – 24.

[157] Lehr, A. , Buettgen, M. , Benoit, S. , et al. Spillover effects from unintended trials on attitude and behavior: Promoting new products through access – based services [J]. Psychology & Marketing, 2020, 37 (5): 705 – 723.

[158] Lin, C. , Chuang, S. Theimportance of brand image on consumer purchase attitude: A case study of e – commerce in Taiwan [J]. Studies in Business and Economics, 2018, 13 (3): 91 – 104.

[159] Madhavaram, S. , Appan, R. The potential implications of web – based marketing communications for consumers' implicit and explicit brand attitudes: A call for research [J]. Psychology & Marketing. 2010, 27 (2): 186 – 202.

[160] Mejia – Dorantes, L. , Paez, A. , Vassallo, M. Transportation infrastructure impacts on firm location: the effect of a new metro line in the suburbs of Madrid [J]. Journal of Transport Geography, 2012, 22 (3): 236 – 250.

[161] Mittal, B. The Relative roles of brand beliefs and attitude toward the Ad as mediators of brand attitude: A second look [J]. Journal of Marketing Research, 1990, 27 (2): 209 – 219.

[162] Morales, A. C. Giving firms an "E" for effort: Consumer responses to high – effort Firms [J]. Journal of Consumer Research, 2005, 31 (4): 806 – 812.

[163] Neal, W. D. For most consumers, loyalty [M]. New York: McGraw – Hill, 2000.

[164] Osterwalder, A. Understanding ICT – based business models in developing countries [J]. International Journal of Information Technology & Management, 2004, 3 (2): 1 – 1.

[165] Park, C. W., Milberg, S., Lawson, R. Evaluation of brand extensions: The role of product feature similarity and brand concept consistency [J]. Journal of Consumer Research. 1991, 18 (2): 185 – 193.

[166] Parasuraman, A., Grewal, D. Serving customers and consumers effectively in the twenty – first century: A conceptual framework and overview [J]. Journal of the Academy of Marketing Science. 2000, 28 (1): 9 – 16.

[167] Percy, L., Rossiter, R. A model of brand awareness and brand attitude advertising strategies [J]. Psychology & Marketing, 1992, 9 (4): 263 – 274.

[168] Ping, T. H., Jeffrey, S. R., Ching, W. H., et al. Analyzing the role of national PPP units in promoting PPPs: using new institutional economics and a case study [J]. Journal of Construction Engineering and Management, 2012, 138: 242 – 249.

[169] Punj, G. N., Hillyer, C. L. A cognitive model of customer – based brand equity for frequently purchased products: conceptual framework and empirical results [J]. Journal of Consumer Psychology, 2004, 14 (1): 124 – 131.

[170] Poppo, L., Zenger, T. Do formal contracts and relational governance function as substitutes or complements? [J]. Strategic Management Journal, 2002, 23 (8): 707 – 725.

[171] Prahalad, K., Ramaswamy, V. Co – opting customer competence [J]. Harvard Business Review, 2004, 78 (1): 79 – 90.

[172] Rainisto, S. Place Branding: Glocal, virtual and physical identities, constructed, imagined and experienced [J]. Place Branding & Public Diplomacy, 2012, 8 (2): 181 – 184.

[173] Rochet, J. C., Tirole, J. Cooperation among competitors: some economics of payment card associations [J]. Social Science Electronic Publishing,

2002, 33 (4): 549 - 570.

[174] Rochet, J., Tirole, J. Platform competition in two - sided markets [J]. Journal of the European Economic Association, 2003, 1 (4): 990 - 1029.

[175] Rochet, J., Tirole, J. Two - sidedmarkets: A progress report [J]. RAND Journal of Economics, 2006, 37 (3): 645 - 667.

[176] Schouten, J. W. Selves in transition: Symbolic consumption in personal rites of passage and identity reconstruction [J]. Journal of Consumer Research, 1991, 17 (4): 412 - 425.

[177] Simonin, B. L., Ruth, J. A. Is a company known by the company it keeps? Assessing the spillover effects of erand alliances on consumer brand attitudes [J]. Journal of Marketing Research (JMR), 1998, 35 (1): 30 - 42.

[178] Spangenberg, E. R., Voss, K. E., Crowley, A. E. Measuring the hedonic and utilitarian dimensions of attitude: A generally applicable scale [J]. Advances in Consumer Research, 1997, 24 (1): 235 - 241.

[179] Su, H. The effect of brand image on purchase intention: a study of luxury produdts [J]. International Journal of Organizational Innovation. 2021, 14 (2): 110 - 119.

[180] Suarez, F., Kirtley, J. Dethroning an established platform [J]. MIT Sloan Management Review, 2012, 53 (4): 35 - 41.

[181] Surjadjaja, H., Ghosh, S., Antony, J. Determining and assessing the determinants of e - service operations [J]. Managing Service Quality, 2003, 13 (1): 39 - 53.

[182] Tiwana, A. Evolutionary competition in platform ecosystems [J]. Information Systems Research, 2015, 26 (2): 266 - 281.

[183] Tiwana, A. Platform ecosystems: aligning architecture, governance, and strategy [M]. Waltham, MA: Elsevier, 2013.

[184] Tiwana, A., Konsynski, B., Bush, A. A. Platform evolution: coevolution of platform architecture, governance, and environmental dynamics [J]. Information Systems Research, 2010, 21 (4): 675 - 687.

[185] Trueman, M., Klemm, M., Giroud, A. Can a city communicate? Bradford as a corporate brand [J]. Corporate Communications: An International Journal, 2004, 9 (4): 317 - 330.

[186] Vargo, S. L., Lusch, R. F. It's all B2B…and beyond: toward a systems perspective of the market [J]. Industrial Marketing Management, 2011, 40 (2): 181 - 187.

[187] Vargoet, L., Maglio, P., Akaka, A. On value and co - creation: a service systems and service logic perspective [J]. European Management Journal, 2008, 26 (3): 145 - 152.

[188] Wang, G. Transactionattributes and software outsourcing success: An empirical investigation of transaction cost theory [J]. Information Systems Journal, 2002, 12 (2): 153 - 181.

[189] Wathne, K. H., Heide, J. B. Opportunism in interfirm relationships: Forms, outcomes, and solutions [J]. Journal of Marketing, 2000, 64 (4): 36 - 51.

[190] Wheelwright, C., Clark, B. Creating project plans to focus product development [J]. Harvard Business Review, 1992, 70 (2): 70 - 82.

[191] Wheelwight, S. C., Clark, K. B. Revolutionizing product development: quantum leaps in speed, efficiency, and quality [M]. New York: Free Press, 1992.

[192] Wilkie, W. L. Consumer behavior [M]. New York: John Wiley and Sons, 1990.

[193] Wolfinbarger, M., Gilly, M. C. Etailq: Dimensionalizing, measuring and predicting etail quality [J]. Journal of Retailing, 2003, 79 (3): 183 - 198.

[194] Zhou, K. Z., Poppo, L. Exchangehazards, relational reliability, and contracts in China: The contingent role of legal enforceability [J]. Journal of International Business Studies, 2010, 41 (5): 861 - 881.

附　　录

附录1

外源性产业平台形成的驱动因素研究访谈提纲

访谈提纲主体问题如下：

1. 请介绍产业平台现在的基本情况。

2. 外源龙头企业被吸引到蚌埠市怀远县建立平台的因素有哪些？决策时需要考虑哪些因素？

3. 当地的经济社会发展战略和产业政策对平台建设及运营有无影响？有何影响？

4. 对平台运营有没有信心？靠什么吸引配套企业和商户？其中哪些因素比较重要？

5. 平台在吸引配套企业和商户方面，采取了哪些措施？

6. 对平台如何运营和管理？平台运营机制如合作、激励、冲突如何解决？

7. 在平台品牌的宣传推广方面，平台投资方做哪些事？配套企业和商户做哪些事？

8. 你认为地方政府在平台建立和运营中是否发挥了作用？发挥了什么样的作用？

9. 外源龙头企业的企业品牌和社会影响力在平台形成、影响政府和商户中是否产生作用？

附录2

龙头企业品牌联想对外源性产业平台品牌态度影响调查问卷

尊敬的先生/女士：

您好！

我是安徽财经大学"产业平台品牌研究"课题组成员，需要做一份关于龙头企业品牌联想和外源性产业平台品牌态度方面的调查。本调查为匿名形式，您所填写的数据仅用于我的分析研究。对于您提供的数据我们会严格保密，请您放心填写。本调查大概会占用您6~8分钟的时间，对您的帮助我深表感谢！

★请您对您熟悉的龙头企业和它在外地投资的产业平台进行回忆（如：大连万达集团——万达城市广场；浙江义乌小商品集团——义乌商贸城；深圳海吉星集团——海吉星农产品商贸市场；江苏凤凰传媒出版集团——凤凰文化广场，等等），并对下表相应的问题用"√"表明您的看法。

第一部分　龙头企业品牌联想

以下是对您熟悉的龙头企业相关问题的描述问项，请您在适当分值上打"√"，1分表示完全不同意，7分表示完全同意	完全不同意←→完全同意						
A1	我觉得该企业很有实力	1	2	3	4	5	6	7
A2	我觉得该企业能够为消费者提供高质量的产品或服务	1	2	3	4	5	6	7
A3	我觉得该企业被管理得很好	1	2	3	4	5	6	7
A4	我觉得该企业在行业内具有很强影响力	1	2	3	4	5	6	7
A5	该企业对社会公益事业比较支持	1	2	3	4	5	6	7
A6	该企业是一家对消费者很负责任的公司	1	2	3	4	5	6	7
A7	该企业对社会回报的投入大	1	2	3	4	5	6	7
A8	该企业以一种道德上负责的方式行事	1	2	3	4	5	6	7

第二部分　消费者认同

	以下是对您熟悉的龙头企业相关问题的描述问项，请您在适当分值上打"√"，1 分表示完全不同意，7 分表示完全同意	完全不同意←→完全同意						
B1	我认同该企业的经营方式	1	2	3	4	5	6	7
B2	我认同该企业所代表的价值观	1	2	3	4	5	6	7
B3	我认可该企业的社会表现	1	2	3	4	5	6	7
B4	该企业符合我心目中的形象	1	2	3	4	5	6	7

第三部分　外源性产业平台品牌态度

	以下是对您熟悉的龙头企业在外地建立的产业平台相关问题的描述问项，请您在适当分值上打"√"，1 分表示完全不同意，7 分表示完全同意	完全不同意←→完全同意						
C1	对该平台整体印象不错	1	2	3	4	5	6	7
C2	该平台能满足我的要求	1	2	3	4	5	6	7
C3	在该平台购物是值得的	1	2	3	4	5	6	7
C4	在该平台上所购物品令人满意	1	2	3	4	5	6	7
C5	喜欢该平台	1	2	3	4	5	6	7
C6	在该平台购物很开心	1	2	3	4	5	6	7
C7	该平台对我是有吸引力的	1	2	3	4	5	6	7
C8	在该平台购物会感到很舒服	1	2	3	4	5	6	7

第四部分　您个人的基本信息

下面是关于您个人情况的信息，我们一定严格为您保密！（请您在选项后的□内打"√"）

D1	性别	1. 男□　　2. 女□
D2	年龄	1. 20 岁及以下□　　2. 21~30 岁□　　3. 31~40 岁□　　4. 41~50 岁□ 5. 50 岁以上□

D3	受教育程度	1. 大专以下□　　2. 大专□　　3. 本科□　　4. 硕士及以上□			
D4	工作年限	1. 2 年以下□　　2. 2~4 年□　　3. 5~7 年□　　4. 8 年以上□			
D5	人均年收入	1. 10000 元及以下□　　2. 10001~30000 元□　　3. 30001~50000 元□ 4. 50001~80000 元□　　5. 80000 元以上□			

调查到此结束，感谢您的支持！祝您工作、生活、学习一切顺利！

附录3

外源性产业平台多主体管理策略对平台品牌态度影响研究调查问卷

调查问卷（一）

尊敬的先生/女士：

您好！

感谢您在百忙之中抽出时间参与本次问卷调查！本次问卷调查结果仅供本人学术研究"外源性产业平台企业多主体管理策略对平台品牌态度的影响"使用，以下问题不记姓名、尊重隐私，并采取严格的保密措施。请您根据您的实际情况或真实感受填写，因为您是否真实填写将会影响结果的准确性。衷心感谢您的支持！

第一部分　具体情景描述

情景一：外源性产业平台企业（管理方）宣传策略

某平台是一家主要经营百货和餐饮的外地商贸平台，该平台进入本地，名称为平台A。A平台企业（管理方）主要通过以下方式进行宣传：

（1）通过广告、形象代言人、自媒体宣传等方式对自身的市场地位、优势领域、现有成果进行社会宣传。

（2）在微博、微信等社交平台上与消费者进行密切互动。

（3）积极参加本地慈善捐赠等公益活动、为消费者提供所需商品、为员工创造良好的工作环境。

（4）外部标识设计美观，网站页面布局合理、操作方便。

（5）为平台企业的管理者塑造良好的形象。

阅读上述情景，根据A平台的相关信息对以下问题进行真实作答。

第二部分　测量问项

	请您在适当分值上打"√"，1 分表示很不好，7 分表示很好	很不好←→很好						
A0	您认为 A 平台企业上述的宣传策略	1	2	3	4	5	6	7

	请您在适当分值上打"√"，1 分表示完全不同意，7 分表示完全同意	完全不同意←→完全同意						
A1	A 平台有良好的成长前景	1	2	3	4	5	6	7
A2	A 平台具有社会责任感	1	2	3	4	5	6	7
A3	A 平台在社会上有较高的知名度	1	2	3	4	5	6	7
A4	A 平台整体实力雄厚	1	2	3	4	5	6	7
A5	A 平台上的产品物有所值	1	2	3	4	5	6	7
A6	A 平台上产品的品质值得信赖	1	2	3	4	5	6	7
A7	A 平台非常便利	1	2	3	4	5	6	7
A8	A 平台有高质量的服务	1	2	3	4	5	6	7
B1	您对 A 平台整体印象不错	1	2	3	4	5	6	7
B2	您认为 A 平台能满足您的要求	1	2	3	4	5	6	7
B3	您认为在 A 平台上购物是值得的	1	2	3	4	5	6	7
B4	您认为在 A 平台上所购物品令人满意	1	2	3	4	5	6	7
B5	您喜欢在 A 平台上购物	1	2	3	4	5	6	7
B6	您在 A 平台上购物会很开心	1	2	3	4	5	6	7
B7	您认为 A 平台对您是有吸引力的	1	2	3	4	5	6	7
B8	您在 A 平台上购物会感到很舒服	1	2	3	4	5	6	7

第三部分　您个人的基本信息

下面是关于您个人情况的信息，我们一定严格为您保密！（请您在选项后的□内打"√"）

C1	性别	1. 男□　　2. 女□
C2	年龄	1. 20 岁及以下□　　2. 21～30 岁□　　3. 31～40 岁□　　4. 41～50 岁□ 5. 51 岁及以上□

续表

C3	受教育程度	1. 大专以下□　　2. 大专□　　3. 本科□　　4. 硕士及以上□
C4	职业	1. 学生□　　2. 政府事业单位职员□　　3. 公司企业职员□ 4. 个体经营者□　　5. 其他□
C5	人均年收入	1. 10000 元及以下□　　2. 10001 ~ 30000 元□　　3. 30001 ~ 50000 元□ 4. 50001 ~ 80000 元□　　5. 80000 元以上□

调查问卷（二）

尊敬的先生/女士：

您好！

感谢您在百忙之中抽出时间参与本次问卷调查！本次问卷调查结果仅供本人学术研究"外源性产业平台企业多主体管理策略对平台品牌态度的影响"使用，以下问题不记姓名、尊重隐私，并采取严格的保密措施。请您根据您的实际情况或真实感受填写，因为您是否真实填写将会影响结果的准确性。衷心感谢您的支持！

第一部分　具体情景描述

情景二：外源性产业平台企业（管理方）监管策略

某平台是一家主要经营百货和餐饮的外地商贸平台，该平台进入本地，名称为平台 B。B 平台企业（管理方）主要采取了以下监管措施：

（1）通过要求商家实名认证、提供相关资质清单等方式确认商家的实体身份。

（2）入驻 B 平台的企业须为所销售产品提供第三方机构的质量检验报告。

（3）对商品质量实施定期或不定期的抽检。

（4）入驻该平台的商家需要向平台支付一定数量的保证金，用于保证其按照平台规则经营。

（5）对产品信息展示和沟通方式进行规定。

（6）对商家违规和欺诈行为进行惩罚，根据违规行为（如商品描述与实物不符、发布违禁信息、出售假冒商品、违背承诺等）的轻重实施商品下架、支付违约金、冻结或查封账户等惩罚措施。

阅读上述情景，根据 B 平台的相关信息对以下问题进行真实作答。

第二部分　测量问项

请您在适当分值上打"√"，1分表示很不好，7分表示很好	很不好←→很好						
A0	您认为B平台上述的监管策略	1	2	3	4	5	6	7

以下是对B平台相关问题的描述问项，请您在适当分值上打"√"，1分表示完全不同意，7分表示完全同意	完全不同意←→完全同意						
A1	B平台有良好的成长前景	1	2	3	4	5	6	7
A2	B平台具有社会责任感	1	2	3	4	5	6	7
A3	B平台在社会上有较高的知名度	1	2	3	4	5	6	7
A4	B平台整体实力雄厚	1	2	3	4	5	6	7
A5	B平台上的产品物有所值	1	2	3	4	5	6	7
A6	B平台上产品的品质值得信赖	1	2	3	4	5	6	7
A7	B平台非常便利	1	2	3	4	5	6	7
A8	B平台有高质量的服务	1	2	3	4	5	6	7
B1	您对B平台整体印象不错	1	2	3	4	5	6	7
B2	您认为B平台能满足您的要求	1	2	3	4	5	6	7
B3	您认为在B平台上购物是值得的	1	2	3	4	5	6	7
B4	您认为在B平台上所购物品令人满意	1	2	3	4	5	6	7
B5	您喜欢B平台上购物	1	2	3	4	5	6	7
B6	您在B平台上购物会很开心	1	2	3	4	5	6	7
B7	您认为B平台对您是有吸引力的	1	2	3	4	5	6	7
B8	您在B平台上购物会感到很舒服	1	2	3	4	5	6	7

第三部分　您个人的基本信息

下面是关于您个人情况的信息，我们一定严格为您保密！（请您在选项后的□内打"√"）

C1	性别	1. 男□　　2. 女□
C2	年龄	1. 20 岁及以下□　　2. 21 ~ 30 岁□　　3. 31 ~ 40 岁□　　4. 41 ~ 50 岁□ 5. 51 岁及以上□
C3	受教育程度	1. 大专以下□　　2. 大专□　　3. 本科□　　4. 硕士及以上□
C4	职业	1. 学生□　　2. 政府事业单位职员□　　3. 公司企业职员□ 4. 个体经营者□　　5. 其他□
C5	人均年收入	1. 10000 元及以下□　　2. 10001 ~ 30000 元□　　3. 30001 ~ 50000 元□ 4. 50001 ~ 80000 元□　　5. 80000 元以上□

调查问卷（三）

尊敬的先生/女士：

您好！

　　感谢您在百忙之中抽出时间参与本问卷调查！本次问卷调查结果仅供本人学术研究"外源性产业平台企业多主体管理策略对平台品牌态度的影响"使用，以下问题不记姓名、尊重隐私，并采取严格的保密措施。请您根据您的实际情况或真实感受填写，因为您是否真实填写将会影响结果的准确性。衷心感谢您的支持！

第一部分　具体情景描述

情景三：外源性产业平台卖家销售策略

　　某平台是一家主要经营百货和餐饮的外地商贸平台，该平台进入本地，名称为平台 C。C 平台的卖家主要采取下列销售措施：

　　（1）卖家进行有效的货源控制，商家内部出厂验货、发货检查，对质量进行管理。

　　（2）C 平台卖家所售商品的信息描述详细明确，包括款式、颜色、尺寸等，并通过图片、小视频、直播互动等方式进行辅助，保证做到实物与描述相符。

　　（3）C 平台卖家线上和线下服务主动积极，使用亲切语气，服务态度良好。

　　（4）平台卖家承诺发货时间，承诺七天无理由退货。

　　阅读上述情景，根据 C 平台的相关信息对以下问题进行真实作答。

第二部分　测量问项

请您在适当分值上打"√"，1 分表示很不好，7 分表示很好		很不好←——→很好						
A0	您认为 C 平台卖家上述的销售策略	1	2	3	4	5	6	7

以下是对 C 平台相关问题的描述问项，请您在适当分值上打"√"，1 分表示完全不同意，7 分表示完全同意	完全不同意←→完全同意						
A1	C 平台有良好的成长前景	1	2	3	4	5	6	7
A2	C 平台具有社会责任感	1	2	3	4	5	6	7
A3	C 平台在社会上有较高的知名度	1	2	3	4	5	6	7
A4	C 平台整体实力雄厚	1	2	3	4	5	6	7
A5	C 平台上的产品物有所值	1	2	3	4	5	6	7
A6	C 平台上产品的品质值得信赖	1	2	3	4	5	6	7
A7	C 平台非常便利	1	2	3	4	5	6	7
A8	C 平台有高质量的服务	1	2	3	4	5	6	7
B1	您对 C 平台整体印象不错	1	2	3	4	5	6	7
B2	您认为 C 平台能满足您的要求	1	2	3	4	5	6	7
B3	您认为在 C 平台上购物是值得的	1	2	3	4	5	6	7
B4	您认为在 C 平台上所购物品令人满意	1	2	3	4	5	6	7
B5	您喜欢在 C 平台上购物	1	2	3	4	5	6	7
B6	您在 C 平台上购物会很开心	1	2	3	4	5	6	7
B7	您认为 C 平台对您是有吸引力的	1	2	3	4	5	6	7
B8	您在 C 平台上购物会感到很舒服	1	2	3	4	5	6	7

第三部分　您个人的基本信息

下面是关于您个人情况的信息，我们一定严格为您保密！（请您在选项后的□内打"√"）

C1	性别	1. 男□　　2. 女□
C2	年龄	1. 20 岁及以下□　　2. 21～30 岁□　　3. 31～40 岁□　　4. 41～50 岁□ 5. 51 岁及以上□
C3	受教育程度	1. 大专以下□　　2. 大专□　　3. 本科□　　4. 硕士及以上□
C4	职业	1. 学生□　　2. 政府事业单位职员□　　3. 公司企业职员□ 4. 个体经营者□　　5. 其他□
C5	人均年收入	1. 10000 元及以下□　　2. 10001～30000 元□　　3. 30001～50000 元□ 4. 50001～80000 元□　　5. 80000 元以上□